**Jesús Aguado**
Jesús Aguado nació casi en Sevilla en 1961. Es poeta, traductor, crítico literario y director de varias colecciones poéticas. En 1990 su libro *Los amores imposibles* fue galardonado con el premio Hiperión de poesía. Ha vivido en la India, donde se interesó por sus distintas tradiciones de poesía devocional, y actualmente reside en Barcelona.

El fugitivo

Primera edición: septiembre, 2011

© Vaso Roto Ediciones, 2011
España – México
c/ Alcalá 85, 7º izda., Madrid, 28009
Gruta Azul 147, Col. Valle de San Ángel
San Pedro Garza García, N.L., 66290
vasoroto@vasoroto.com
www.vasorotoediciones.blogspot.com

Diseño de colección: Josep Bagà
Dibujo de portada: Víctor Ramírez

Queda rigurosamente prohibida sin la
autorización de los titulares del copyright,
bajo las sanciones establecidas por las leyes,
la reproducción total o parcial de esta obra
por cualquier medio o procedimiento.

Impreso en Barcelona
Imprenta: Gràfiques Pacífic, S.A.
ISBN: 978-84-15168-19-5
Dep. Legal: B-35048-2011

Jesús Aguado
**El fugitivo**
Poesía reunida (1985-2010)

Vaso Roto / Ediciones

*Para Anna R. X. y para Ada R. A.,
el lugar donde descansan mis fugitivos*

# Piezas para un puzzle
VICENTE LUIS MORA

> La intensidad es parte de la singularidad.
> RAIMON PANIKKAR
>
> rebosante de amores imposibles
> RIKARDO ARREGI, *Kartografía*
>
> hacia la red que teje el Universo
> con tus tendones y los míos
> JESÚS AGUADO

El escritor Juan Bonilla, prologando una selección de poemas de Jesús Aguado, apuntaba dos ideas tan contundentes como bien orientadas: la primera, «no conozco a ningún poeta que lo sea tanto como Jesús Aguado, quiero decir que lo sea tan constantemente»; y la segunda, «Aguado [...] no fue nunca fiel a ningún templo [...], de ahí que su poesía haya sido publicada de manera dispersa, aquí y allá, y esté insólitamente ausente de las antologías más citadas de su generación».[1] Apunto también el hilo invisible que anuda esas dos declaraciones, que materializamos de esta provocativa forma, al revés: ¿podría estar la mejor poesía española, la más constante, ausente de las antologías más citadas? Dejemos de momento la respuesta en el alero, pero lo cierto es que solo en los últimos tiempos Jesús Aguado ha comenzado a ser considerado parte del *panorama*; quizá que

---

1 En JESÚS AGUADO, *Mendigo (Antología poética 1985-2007)*, selección y prólogo de Juan Bonilla, Sevilla, Renacimiento, 2008, pp. 10-11.

residiera mucho tiempo en el extranjero ha coadyuvado a que algunos afinen su ceguera. Desde luego, Aguado es, sin ninguna duda, uno de los poetas españoles más interesantes. Autocrítico y honesto, poco preocupado por el medro patrio y con la concentración puesta en más hondas cuestiones, generoso, trasterrado durante muchos años en su retiro indio de Benarés, vagamundo, su trayectoria literaria no ha sido menos errante que la personal. Este hecho ha minado, como apunta Bonilla, su repercusión, y por eso debemos alegrarnos doblemente de que esta edición de Vaso Roto ofrezca a los lectores una imagen posible de Aguado (ahora me explico) como poeta notable e inspirado. Dije que esta edición ofrece una imagen *posible* de Aguado porque una imagen completa es imposible. Esa imagen total requeriría leer todos los libros de Aguado (varios de ellos descatalogados), sus numerosos poemas dispersos en revistas o *plaquettes* y, sobre todo, las diferentes reescrituras que el autor ha hecho de sus textos. Piezas de un *puzzle* destinado a quedar incompleto y en incesante reconstrucción o, quizá, diferentes *puzzles* superpuestos en paralelos estratos temporales. No existe la angustia ante los senderos que se bifurcan, Aguado envía un yo poético a cada uno. Como Juan Ramón o Gamoneda, Aguado es consciente de sus cambios celulares e intelectuales en el tiempo y tiene una idea diferente de sus poemas en el transcurso, de modo que se siente libre para hacer las variaciones que estima oportunas en los mismos. Decía Gamoneda a este respecto: «Creo que mi reescritura no supone exactamente una voluntad de corrección, en el sentido de procurar una textualidad más *correcta*; lo que intento es que el poema se libre de lo que, ahora, entiendo que no es materia poética. El trabajo se inicia y fundamenta en la eliminación, en la tachadura [...]. La tachadura crea el valor de "un no saber"»; bajo la tachadura tendría que haber algo que desconozco y que conviene a la revelación».[2] Creo que la última

---

2 ANTONIO GAMONEDA, *Reescrituras*, Madrid, Abada, 2004, p. 6.

frase es especialmente valiosa para la poesía de Aguado, hecha de revelaciones, relaciones (correspondencias) y develaciones. Todas ellas cambian con el tiempo, y la mutante aparición de sus textos es trasunto de esos crecimientos y cambios espirituales, rastreables también en un libro maestro del autor, los diarios indios de *La astucia del vacío*. *Cuadernos de Benarés* (1987-2004), publicado por Narila en 2005 y reeditados en versión ampliada por DVD Ediciones en 2010. En especial, recomiendo al lector que compare los poemas aquí aparecidos de *El fugitivo* con los que en su momento recogía la versión de Pre-Textos de 1998. Son dos libros distintos, pero es que Aguado es también ahora una persona distinta, certeza visible en este poema de *Verbos*:

RECORDAR

muchas cosas suceden hacia atrás

en el pasado cambios

no archives

no regreses

no estás ahí

nunca estuviste

al desandar tu tiempo
cierra su laberinto y te devora

La diversidad de su obra,[3] enemiga de seguir dos veces la misma estrategia estética,[4] no invita precisamente a lanzarse a un exa-

---

[3] Eduardo García, un poeta que ha sabido entender el pulso filosófico y las derivas deleuzianas de *El fugitivo*, señaló con acierto en una presentación de Aguado que su poética incluye el propósito de «no estar en el mismo lugar más de un libro».

[4] «Cada libro de poemas es un plan de fuga puesto en práctica para escapar de una cárcel diferente. El poeta que escribe siempre el mismo libro [...] se limita a soñarse como poeta: no se atreve a [...] asumirse en plenitud de riesgo y de aventura como poeta.» JESÚS AGUADO, «Fugitivo», *Diccionario de símbolos*, Sevilla, Paréntesis, 2010, p. 124.

men de su compilación como si fuera un libro orgánico. Aguado ha practicado poesía amorosa, filosófica, lumpen, meditativa, racional, irracional, para niños,[5] firmada, falsaria,[6] en verso libre, en verso rimado, en haiku,[7] en prosa; incluso su variedad más frecuente (poema meditativo en verso o versículo libre) admite muy distintos registros de un libro a otro, desde *Primeros poemas del naufragio* (1984) hasta su último poemario, el citado *Verbos* (2010).

La abundancia de su obra y las diferentes versiones secuenciales de la misma recomiendan ahorrar visiones reduccionistas al lector que se acerca a este agrupamiento, visiones por lo demás opuestas al natural mutante y sincrónico del autor, que prefiere las verdades múltiples y los grupos de personas (y de personalidades dentro de ellas) a las unicidades y que es más heraclitiano que parmenídeo. Bastará, para acercarse a su poética, apuntar una serie de ideas globales, dejando que sean los propios poemas y sus diferentes tonos los que vayan haciendo su trabajo en la mente del lector.

Para comenzar estos apuntes generalistas, diríamos que varios de los poemarios de Aguado tienen una adscripción intelectual, en el sentido de que están escritos bajo la égida invisible de algún pensador concreto, o de varios. Así, *El fugitivo* dialoga con el pensamiento de Gilles Deleuze; *Lo que dices de mí* con Lacan, o *Heridas* con Blumenberg. Pero esas influencias están destiladas, *desleídas*; han sido bien asimiladas y no lastran intelectualmente el poemario, que canaliza vida en estado puro por el túnel del pensamiento. Los constructos filosóficos están presentes, pero no explícitos. Domingo Sánchez-Mesa ha visto con acierto que la dualidad intelectual de Aguado a este respecto: «autor [...] de itinerancia profunda entre

---

5 J. AGUADO, *El oso de peluche (novela para bebés) y otros poemas*, Málaga, Centro Cultural Generación del 27, 2007.
6 Algunos de los poemas incluidos por J. Aguado en su *Antología de poemas de las tribus de la India* (CEDMA, 2004) son, en realidad, poemas del autor bajo seudónimo.
7 J. AGUADO, *Veintidós más veintidós más dos haikus (o eso creo) con muchos bichitos y varios mensajes ocultos*, Málaga, Rafael Inglada Ediciones, 2004.

el pensamiento europeo (véase el excelente poema «Estábamos ahí detrás del seto», intenso y profundo diálogo implícito con Heidegger y su emplazamiento del «dasein») y el hindú (*Los poemas de Vikram Babu* o *La astucia del vacío*)».[8] En efecto, esa sería otra de las características claves de Aguado: su situación a medio camino (o *en los dos caminos a la vez*, para ser más exactos) entre el pensamiento occidental y el oriental, del que ha sido estudioso y puntual traductor. El título de otra de sus antologías, *No pasa nada*. *La poesía beat y Oriente* (El Bardo, 2007), habla por sí solo al respecto de esta comunicación intercultural. La particularidad del acercamiento de Aguado a la India, frente al de otros autores con similares inquietudes (v. gr., Chantal Maillard, Óscar Pujol o Raimon Panikkar), es que su objeto básico de estudio ha sido el *pensamiento poético* oriental, concretamente el indio. Su larga experiencia de traductor (Kabir, la poesía devocional india, la poesía popular) parece haber sido para él muy enriquecedora, al obligarle a estudiar las diversas místicas y filosofías de la India, como medio para entender debidamente los textos. En un segundo lugar, parece haberle fascinado, algo normal en un vate, el *modo* en que esos poemas se ideaban y componían, la filosofía poética que los informaba. En cierto modo ambos análisis eran simultáneos: lo técnico y lo cósmico se encontraban para él en el mismo plano de lo real. De ahí la declarada afinidad del autor con María Zambrano, la filósofa malagueña que también indagase en la raíz de la razón poética. Incluso en los libros aparentemente más racionales de Aguado, ordenados de forma enciclopédica, como su valioso *Diccionario de símbolos* (2010), la presencia de lo simbólico agrega un relieve mítico que sirve de compensación a lo que cabe dentro del marbete «sentido común» para convertirlo en *sentido* a solas.

---

8 Domingo Sánchez-Mesa Martínez, «El cristal y la llama. Nuevos rumbos en la poesía española del cambio de siglo», en *Cambio de siglo. Antología de poesía española 1990-2007*, Madrid, Hiperión, 2007, p. 30.

Otro elemento clave que el contacto con esa poesía oriental le ha deparado ha sido el permitirle adir una tradición con familiaridad entre lo trascendental y lo cotidiano. En algún prólogo a sus traducciones lo ha explicado el propio autor: «como cuentan dos de los poemas de esta antología [...], Dios es un ser lejanísimo, inalcanzable en su Nada o en su Paraíso, pero también un vecino, alguien que vive tan cerca de nosotros que podemos verlo, contemplarlo, casi espiarlo. Esta cercanía real, esta proximidad tangible, es algo característico del modo que tienen los indios de tratar con sus dioses».[9] Esto quiere decir que para esos místicos indios –pero sobre todo para el propio Aguado–, las realidades metafísicas o trascendentales son aquellas que tienen lugar en nuestro entorno, al mismo tiempo que las realidades prácticas o más fieramente humanas. Para él no hay separación entrambas, no hay un *plus* filosófico que convierta en planos separados de la existencia tales dimensiones. Dios es un vecino más y el hombre es un mendigo que busca el alimento cocinado y el espiritual al mismo tiempo, quizá incluso en el mismo instante, como los parias que agradecen a Shiva el bocado que se introducen en la boca: «mendigo que pide ser (más máscaras, más yoes) para no ser [...] que intenta vivir de las sobras del ser».[10] En alguna de sus excelentes poéticas, Aguado ha hecho referencia a la boca como lugar donde se mezclan las dos acciones más preciosas para la existencia: la alimentación y el habla, la supervivencia y el lenguaje,[11] por no hablar del amor bajo la forma corporal del beso: «me piensas con tu boca y con tu sexo» («Lección de metafísica»). Esa conmixtión de lo profano y lo sagrado, de lo humano y lo

---

9 J. Aguado, prólogo a J. Aguado (ed.), *El vecino inquietante*, Lucena, 4 Estaciones, 2004, p.VI.
10 J. Aguado, *Mendigo*, op. cit., p. 238.
11 J. Aguado, «Arañas en la boca. Notas para una poética», *VI Jornadas Poéticas de la ACEC* (Asociación Colegial de Escritores de Cataluña), Cuadernos de Estudio y Cultura, nº 28, 2007, pp. 73 y ss.

divino, de lo animal[12] y lo racional, creo que es tanto o más una ética de Aguado que una poética: es el mismo modo en que las cosas se miran y está presente en numerosos poemas. Una honestidad humanística, humilde en ambos sentidos de la palabra, por naturaleza contraria a cualquier poética soberbia o encantada de conocerse, y crítica (sin necesidad de denuncia) con ella misma. Y es que para Aguado todo lo existencial es primario, y el hombre está desamparado y solo ante el mundo, *herido*, al borde del desarraigo, siendo su único consuelo la comunicación afectiva con los demás, mediante el cuerpo (son numerosos los poemas de amor, sentimental o familiar, en su obra) o mediante el habla (la poesía, la relación intelectual). Todo lo místico o filosófico no parece tener sentido, según los poemas de Aguado, si no entendemos su radical inserción en la existencia, en el aquí, en el cielo raso de nuestro cuerpo. Estamos heideggerianamente desnudos ante el cosmos, ante un universo que solo puede unirse, según uno de sus versos, con tendones humanos. Los poetas, dice Aguado, «pasan más tiempo a la intemperie que bajo cualquiera de los techos de la razón».[13] Philip Sidney escribió en *Astrophel and Stella* que «the poor man's wealth, the prisoner's release / Th'indifferent judge between the high and low»,[14] Hölderlin dijo después en el *Hiperión* que «el hombre es un dios cuando sueña y un mendigo cuando reflexiona».[15] Esa condición precaria de lo existencial es la que alimenta, tocando el suelo y el cielo a la vez, la extraordinaria poesía de Jesús Aguado.

---

12  Lo animal tiene un papel central en esta obra, véase J. AGUADO, *Animal poesía*, Huelva, Crecida, 2011, antología ordenada alfabéticamente de apariciones de animales en sus poemas o textos.
13  J. AGUADO, «Arañas en la boca. Notas para una poética», op. cit., p. 75.
14  Cf. JAVIER GARCÍA GIBERT, *La imaginación amorosa en la poesía del Siglo de Oro*, Valencia, Universidad de Valencia, Servicio de Publicaciones, 1997, p. 105.
15  F. HÖLDERLIN, *Hiperión o el eremita en Grecia*, Pamplona, Peralta Ediciones, 1976, p. 26; traducción de Jesús Munárriz.

# Primera parte

# Mi enemigo

(1987)

# El viaje

*me hubiera gustado tanto saber menos y convertirme
en un puro rayo de luz para estar más cerca de ella*

F. HÖLDERLIN

I

El tren dejaba atrás algunas estaciones
para que no salieras del sueño bruscamente.
Yo leía a Walt Whitman y pasaba las páginas
con el silencio
de las puestas de sol en las postales.
No sé si respirabas
porque a veces dormida parece que has cruzado
la frontera inaudible de la luz.
En el pasillo andaban de puntillas
los otros pasajeros y la muerte.
No hubo una voz de Dios que al fin te despertase.
No te hiciste mirada hasta después
de que el tren se ovillase
como una gato cansado en el olvido.

## II

## Interludio onírico en Salzburgo

Una mañana aparece una mujer muerta arrastrada por la corriente del río Salzach. En su mirada aún está latiendo la imagen del hombre que la ha matado, y por ello, y siguiendo las huellas que va dejando al irse apagando en la retina de ella, consiguen atraparle. Cuando lo hacen, se suicida, y en sus ojos encuentran la imagen de la mujer asesinada riéndose desnuda mientras un remolino de brazos la succionan hacia el fondo del río. Un día el detective que llevaba el caso se mira a sí mismo en un espejo y se ve rodeado de agua por todas partes. A punto de morir asfixiado, ve cómo la mujer y su asesino se abrazan en relieve sobre el cristal del espejo y le contemplan burlones mientras el rumor de la corriente crece hasta hacerse insoportable.

## III

En Viena nos llovió.
Las tardes las pasábamos en cafés y museos
–Gustav Klimt, Arcimboldo...–,
bailando un vals cuando escampaba
o jugando a los dados.
Apenas era azul el Danubio, aunque a veces
se vertía en nosotros:
el mar de nuestro amor desviaba su curso
(¿y al hacerlo también el de la historia?).

Allí necesité de todo mi sentido del misterio
para no abandonarte:
alguna voz potente me llamaba a escondidas por la noche,
quizás la del futuro, lugar a donde nunca llegaré,
una voz que brotaba de las sombras, helechos pegajosos, hurones
[ciegos,
la voz de los insomnes

que pude resistir
porque a mi lado tú
soñabas por los dos y sonreías.

IV

Lo que me duele
no es vivir de esta forma, a medias entre náufrago
y Ulises precavido, a medias entre

viajar atado a un mástil
por miedo a no saber callar a las sirenas
con un silencio pleno y poderoso

o arrojarme a las aguas cuando baja del cielo la tormenta
que precede al placer.

Me duele estar tan lejos de Split y no escucharte
decirme cómo soy:
un héroe y un cobarde al mismo tiempo,
por las mismas razones,
enfrentado a los mismos enemigos,
el invencible derrotado, el desertor que pone en fuga
a todos los ejércitos,
el héroe que conquista lo que el cobarde pierde.

En Split me contabas lo que sé
como si fuera nuevo, me hacías a tu imagen
respetando la imagen más profunda que a los dos nos supera
y que tiene que ver con el sentido primero de la muerte.

Y me decías náufrago y Ulises
y luego me besabas todo el día.

v

Tal vez recuerdes tú, como yo los recuerdo,
los días en la isla,

los recuerdes igual de densos y de dulces
mientras oyes pasar las barcas y me dejas
las uvas de tus besos
una a una aplastadas en mi piel.

Las campanas sonaban cada noche.

Cada noche, también, una orquesta tocaba
a la orilla del mar
y todas las parejas abrazadas rompían en su orilla.

Vivíamos desnudos y hechizados como un árbol dormido
o un castillo de arena que deshacen las olas.

Recordarás también la biografía de Kavafis que estábamos leyendo.

Y el restaurante aquel donde cenábamos a la luz de las velas,
las botellas temblando, las manos deshaciéndose en las manos.

Y tantas otras cosas sencillas: pasear,
tomar el sol, callarse,
jugar toda la noche a los naufragios.

En la isla de Hvar los ojos se cerraban
del tamaño del centro de la Tierra.

VI

Las islas yugoslavas se alzaban varios metros
de luz sobre el Adriático. Dormías en cubierta
y delfines y peces voladores
saltaban de tus sueños al mar de mis sentidos.
El sol azul del agua se refugió en tu piel,
se puso en ella y fuiste crepúsculo y sirena.
Sin conseguirlo,
quise pensar la angustia, recuperar el miedo,
el vértigo de tanta soledad
antes de ti, mis días de vacío,
regresar a la nada conocida
antes de que la nada ignota del deseo
me dejase en un barco
fantasma, yo también para siempre un fantasma
prisionero en tu cuerpo.
Me diluí en las sombras que perdían
las aves en tu espalda. Si tus ojos se hubieran
abierto en ese instante
me habrían confundido con la estela o el humo:
porque yo era el rastro que mi propia mirada
dejaba al deshacerse.

La costa estaba cerca.
Las montañas volvieron a pesar.
Sonó en los altavoces el final de tu sueño.

VII

Vendrá un día delgado y con aristas
de lluvia a recordarme estos momentos.
Será seguramente otoño. Nadie
habrá sembrado un cuerpo por los alrededores
de mi casa. Los gatos morderán
la lana de las nubes que la noche
les arroja. Un día detenido
sobre el aparador, sobre las sábanas:
como un jarrón o el pliegue blanco y ciego
de la angustia. Tendré las manos rotas,
repartidos sus trozos en espaldas
que no me reconocen
cuando voy por el pan o cruzo el parque
con alguna novela bajo el brazo.
Habrá un cortocircuito de estrellas en mis muslos.
Desearé volver a Atenas en agosto
y amarla por sus besos de retsina
y helado de limón, por ir descalza y sonreír
lejana y generosa,
por borrarse en las fotos y quedarse en la vida.
Y escribir mientras duerme este poema
que entonces, ese día, leeré
con la nostalgia fiel de no haber nunca sido
capaz de repetir la plenitud
que es compartir sus sueños agitados.

VIII

DIALÉCTICA DEL DESEO

*Uno*

Mujer, no crezcas tanto que mates el paisaje.
No agigantes tu cuerpo hasta ocultar
las albas, las tormentas, los celajes, las flores
silvestres, las gaviotas... Sobre todo el mar. Crece
recostada a mi lado, en abrazo hacia adentro
de la mirada núbil de la tierra. No cierres
con portazos de niebla el horizonte mío.
Sé invisible. Que el ojo que busca las montañas
no tropiece en tus pechos –como árboles plantados
justo enfrente, y enormes, de la ventana–, se ciegue
queriendo atravesarte, enloquezca creyéndote
montaña o simplemente se olvide de mirar.

*Dos*

    *tren Roma-Irún*

Mujer, no dejes de crecer en torno
a mí. Pon tus murallas de jacinto
recién cortado alrededor del cuerpo
sin fin que me posee. Madura con tu lengua
sus uvas y limones antes de que la aurora
neblinosa del tiempo los marchite.

Hazme desnudo y fuerte como un alud o el llanto.

No dejes de extenderte y limita
mi frente con tu frente, mi pecho con tus pechos,
mis piernas con tus piernas y tu voz.

Que enloquezca, o me olvide de mirar,
o quede ciego: dame el perfecto vacío
que es no tener distancias, y a mi piel
dale horizontes cortos y cercanos.

Que nada, ni la luz, nos ponga lejanías
que no puedan surcar las cicatrices,
el vello, las líneas de la mano.

Mujer que me propones vivir en la extrañeza,
no dejes de crecer hasta que estallen
las frutas de mis ojos.

## Poema para esconder tesoros

Como en el cuento de Poe, procura que sea un sitio tan evidente que nadie piense que en él puede haber un tesoro escondido. El ojo de una cerradura, el fondo de un vaso, el vano de una ventana, la distancia que hay entre dos bocas que acaban de besarse o que todavía no hayan empezado a hacerlo. Una vez que hayas escogido el lugar para esconderlo, dibuja el plano sobre una hoja que arrastre el viento y mientras lo hace: en ningún caso servirá atrapar la hoja al paso, sostenerla con el dedo índice y el pulgar, arañar el plano con jugo de moras y volverla a soplar para que la brisa se la lleve; quien le hace trampas al viento no solo pierde ese tesoro sino sus tesoros pasados y futuros. Es cierto que cuando, con las primeras nieves del invierno, se pudra esa hoja (o para ser más exactos: recobre su blancura originaria), el tesoro no solo se volverá inencontrable sino que dejará de existir. Pero eso no tiene que preocuparte: tener un tesoro que ha dejado de existir es un tesoro mayor que tener un tesoro que todavía existe; y, además, es mucho más fácil de esconder: bastará con que abras las manos y las tengas amantes y ofrecidas.

# Poema para olvidar a Dios y a la mujer que más quiero

Lo dije hace ya tiempo dirigiéndome a Dios:
Si amarte hubiera sido
una forma de ser definitiva
en vez de este cansancio de recordarte en todo.

Y en todo la recuerdo a ella también:
si me descalzo,
si hago saltar guijarros sobre el agua,
si me corto fregando los cuchillos.

Estoy tan agotado de encontrarles detrás de cada objeto,
de cada sensación,
detrás de lo que miro y lo que toco,
de hallarles emboscados en todas mis palabras
y en mis gestos más íntimos.

Que este poema sepa librarme de lo eterno.

# Poema para llegar un poco antes a lo que te sucede

Sobre esto los poetas no se ponen de acuerdo. Hay algunos que dicen que uno siempre llega tarde a todo lo que le sucede. Otros aseguran que, lo que te sucede, en parte ya te ha sucedido, en parte quizás acabará sucediéndote y en parte no te sucederá nunca. Hay quienes se empeñan en que nada sucede y en que el tiempo es una metáfora para hablar del vacío que sentimos cuando deja de llover. Pero para llegar un poco antes a lo que te sucede tienes que olvidarte de lo que dicen los poetas: los poetas no son más que el lugar donde las cosas suceden, y se asoman al tiempo desde fuera del tiempo, y cuando se ponen a relacionar el vacío con la lluvia lo ponen todo perdido, desde los parques a las caricias y desde las leyes de la física al suelo de los bares. En cualquier caso, si quieres llegar un poco antes a lo que te sucede es que, lo sepas o no, eres un poeta, y entonces para qué: escribe y déjate de tonterías.

## La fiesta

La luna no salió en toda la noche o yo no lo noté.

Hablé con mucha gente que apenas conocía (eso me gusta,
en estas ocasiones, más que hablar con personas que conozco
desde hace muchos años, porque de esta manera
descubro que fui otro distinto del que he sido).

La música imitó, por un instante, un cuadro de Magritte
y todos nos hicimos transparentes (algunos con el vaso de
                                                [plástico en la mano)
mientras Teo cambiaba el disco y se llevaba las botellas vacías.

Un parque y un hotel nos miraban queriendo
subir a la terraza a bailar con nosotros.

Varias veces dijeron que soy encantador «como todos los
                                                [géminis».
Obtuve invitaciones a cenar, promesas de trabajo, placer de los
                                                [sentidos.

Sentí de pronto,
muchos tragos después,
que el tiempo no existía
y que eso estaba mal.

Y pude darme cuenta que estaba en esa fiesta para ocultarme de
                                                    [algo
parecido a mirarse en un espejo.
Es la misma razón, dicho sea de paso,
que esta noche me tiene haciendo este poema.

No me pides tejados para amarte
y sin embargo
te sientes cobijada cuando empapa la lluvia
y eliges mi intemperie.

## Meditación serena en Chefchauen

Traicionar mis deseos
es el arte
que domino mejor. Mejor incluso
que encontrar placer en el cansancio
que dejan las palabras.
Cada gesto
que se queda dormido
en el aire,
cada caricia alzada en el vacío,
deberían tener la perfección de los mejores versos,
la serena quietud que mueve las montañas y las deja
crecer sobre el papel en blanco.

Traiciono mis deseos, quizás, para entenderme
con el cedro que he sido alguna vez,
con la piedra de cuarzo,
con el dulce alacrán de mis mejores días.

Porque cumplir los gestos pudiera ser la forma
más próxima a la muerte,
renuncio a que mis sueños se conviertan en polvo,
en sendero de niebla.

## El fin del mundo

No será, como dicen, ni una bomba ni un choque de planetas.

El mundo acabará por ese exceso
que los cuerpos desnudos
cometen cada noche.
                    Cualquier día
se abrazarán de más dos seres
                            y la grieta
minúscula que dejen en su lecho
se extenderá imparable por mares y montañas,
por plantas y animales, por los astros,
                                  y todo
se hará desgarradura, ausencia de sí mismo.

El fin del Mundo
llegará del amor y no del odio.

## La luz se dejará abrazar

Algún día la luz se dejará abrazar
será porosa y tierna tendrá volumen
y nostalgia del cuerpo que las aves
arriesgan en el cielo tenderá entre nosotros
su piel cobriza con un gesto marino y casi luna
vendrá para nombrarnos vendrá para cubrirnos
de aromas la memoria y hacernos diferentes
deseará perder la vida en nuestros brazos
y nunca más el alba ni tus ojos

> y en la vida,
> cual un monstruo de crímenes cargado,
> todo el que lleva luz se queda solo.
>
> José Martí
>
> Pero esta es mi soledad, el estar circundado de luz.
>
> F. Nietzsche
>
> Cuando un hombre sabe más que los demás, se queda solo.
>
> C. G. Jung

Dejaste que vivieran los lobos a tu espalda,
que hicieran su guarida
en tus hombros tan débiles y blancos.

Viviste el riesgo, y te quedaste sola.

Tenías la fiereza del mundo sobre ti
para no ser nunca sorprendida
por colmillos y bosques encantados.

Es cierto que ya nadie te acechó
por los caminos,
que incluso a veces se olvidaban tus huellas de imprimirse
sobre la tierra roja o sobre el barro,
que los lobos dejaron de pesar
y que un río te amaba con cascadas y truchas poderosas.

Cargabas con la luz, pero no lo supiste
hasta sentir las fauces de la muerte
abriéndose a tu espalda: ya eras transparente
y no corrió la sangre.

Imaginaos un bosque. ¿Ya? Imaginaos una mujer desnuda que corre despavorida por él. Deteneos un momento a la altura de su rodilla izquierda. ¿Veis el leve rasguño que va dejando un reguero de sangre sobre las hojas caídas? Enfocad una de ellas. Tocadla con un dedo y comprobad si todavía está húmeda. Imaginad ahora que sois un lobo (o una loba) y que lleváis varios días sin comer. Seguid el rastro de la mujer, alcanzadla, tumbadla y devoradle los ojos. Solo los ojos. Dejad que se levante y se vaya con el viento del sur. ¿Veis cómo corre más que antes y que no tropieza en los árboles y que hasta parece más feliz? Dejad de imaginar el bosque y arrancaos también vosotros los ojos. Os crecerán raíces en las manos y todo lo que toquéis se quedará desnudo para siempre.

## Luz más allá de la luz

Si miras a la luz, donde respira el alba
y el mar se despereza como un niño,
si haces nidos y juntas las ramas de tus ojos
sobre una nube pasajera o la crin de un caballo llameante,
si miras sin mirar
alguna vez el mundo
y te encuentras de pronto atravesado
por los lentos arpones del deseo,
deja este cuerpo inútil detrás del horizonte
y míralo ponerse con el sol
mientras la noche llega.

Sus cenizas espárcelas al viento
y fecunda con ellas los bosques y las costas.

Mira a la luz entonces nuevamente,
todo tú henchido y todo tú gozando como un ave
regresando a su cielo después de haber dormido en los barrancos
de la nada, contempla
con alegría
cómo alzan los bosques sus pestañas,
y las costas también, y las piedras, y todo
se hace ojo, pasión, vida, transparencia, infinito,
y entrégate a esa luz más allá de la luz
que tu cuerpo recoge como un cántaro
porque encender la sed es lo único que importa.

## Semillas para un cuerpo

(1988)

sé lo mucho que pierdo
al intentar hallarte en mis palabras
al traicionar tu cuerpo cuando escucho las tuyas
al escribir poemas que no saben a miel pero fingen saber
lo que sueñan los astros o los peces
pero debo seguir pronunciando tus manos
mira el agua que corre te quiero pronunciando
las luces de tu sexo pronunciando
sobre todo tu nombre que pesa como el fuego
y se aplasta en el cielo de mi boca
porque debo seguir buscando esa palabra
perdida la palabra
que sabe nuestra piel y la guarda en silencio
la palabra callada que al fin me restituya

lo que pierdo al hablarte

el tiempo del delirio

no necesito un dios para creer en ti
un gigante dormido soñando el universo
un gnomo en cuyos ojos el bosque de la nada se refleje
no necesito un ser distinto del que forman
tus manos en las mías por enorme que sea
quizás por ser enorme y no caber
en nuestras manos un ser que exista demasiado
(ya tengo las montañas los desiertos los mares
que existen demasiado también y no me piden
que me postre a sus pies y les adore) para creer en ti
lo más pequeño es suficiente tu misma ausencia vale
tu cuerpo deshaciéndose en mi piel
como un terrón como la miel
de los atardeceres

quieres tocar el alma llevártela a los labios
rozarla con tu lengua
morderla mientras duerme
el alma de las garzas del kiwi del rubí
de las puertas abiertas y del aire
quieres tocar el centro sin que el centro se entere
entrar en él acariciarlo quieres
que te acompañe allí
que lo robemos juntos

en mi cuerpo hay tatuajes invisibles
que solo has visto tú
el dibujo de un tigre el de un árbol caído
la huella de las vidas que mi piel ha atrapado
figuras de la niebla
que solo un ojo ciego como el tuyo
puede ver

en mi cuerpo
las líneas más profundas
las ha grabado siempre
el olvido ese ser
que se sienta a tus pies y te lo cuenta todo

no lamento tu ausencia no me alegro tampoco
esta paz de tenerte como siempre en las manos
es parte de mi amor
este nuevo sentido que has puesto en mis sentidos

y no es que estés muy lejos cuando te vas muy lejos
es que madura lento lo que más nos importa
y el tiempo y el espacio son frutas delicadas

más allá de tu piel y de tu lengua
quiero palpar tus huesos
los tarsos las costillas el peroné los dientes
el cráneo y la columna vertebral
aprenderme también tus huesos de memoria
su dureza y su forma y el árbol que les sueña
para poder reconocerte el día
de la resurrección

que nadie me pregunte ya nunca por mi vida
pues solo puedo hablar de aquello que me excede

de las cosmogonías o de tus lagrimales

pues ya solo me atrevo a decir lo indecible

no eres nada de aquello que me muestras
de aquello que aparece dibujado en tus ojos
más tarde se hace nudo desatado
y al fin se desvanece sobre tu piel dormida
por más amor que pongas no eres nada
sino ese ser que olvidas cuando olvidas el ser
a la orilla de todo sentimiento de todo pensamiento
de todas las pasiones nevadas hombres ríos

el mar de nuevo el mar me acostumbra a tu ausencia
me señala tus hombros y tus pechos creciendo hacia la playa
tus caderas tus muslos tus labios que parecen
surgidos de un abismo de seres fabulosos
el mar que me recuerda que si abrazo tu cuerpo
abrazo al mismo tiempo su sombra y el vacío
que le envuelve

cuando me tumbo al sol y aquieto mis sentidos
y dejo que los muchos olores lo que suena
aquello que se ve y se puede palpar
pasen por mí sin asentarse cuando
consigo tal vacío que me olvido que existes
ese mismo vacío me recuerda que soy
lo que hueles y miras lo que tocas
tus sentidos al sol olvidando que existo

es hermoso estar juntos perseguirnos
desnudos en el bosque y hacer luego el amor
en las aguas de un lago mientras cae la tarde

es plácido y hermoso mirarnos a los ojos
en todo lo que existe porque todos los seres
nos miran con los ojos que nuestro amor les abre

no debo estar celoso de tus otros amantes
pues ellos con sus lenguas y sus manos
son parte de la tierra donde tu piel madura
como lo son los bosques por los cuales te pierdes
o las nubes que pasan por tu cuerpo

y siento sus caricias
madurando mi piel al tiempo que la tuya

pues quien ama no pone
su cuerpo por frontera de su amor
y se hace
uno con todos uno
también con todo aquello que le niega

no estés triste mi amor y si lo estás
que tu tristeza sea un modo de vengarte
de dios y de las flores

y no estés triste nunca
por las cosas que pasan o no pasan
sino solo por esto

porque contempla la tristeza
desde lejos a dios y a las flores y al tiempo
y nos lleva a un lugar donde amar es posible

según conozco más de ti conozco
también más de los ríos del lenguaje sagrado
de las ranas que saltan y los troncos que flotan
de la piel de las piedras que acarician las aguas
del barro y de esas tierras movedizas
del deseo
del narciso y del olmo de los castores y las nutrias
de los peces callados que has vertido en mi cuerpo
y que se asfixian cada noche
si no les dejo
nadar dentro del cauce
del río de tus piernas

porque según conozco
más de los ríos
más entiendo también que discurras y lleves
en cada gota el mar
la muerte entera en cada gesto

cuando me siento solo a la orilla del río
y veo el bosque que está enfrente miro
sobre todo el reflejo del bosque sobre el agua
no el bosque que respira en superficie
sino el bosque profundo
que deshace una barca o el paso de una nube
el otro bosque el sueño
de estar acompañado por un cuerpo
más allá de mi cuerpo el que desaparece
cuando pasa la barca de tus manos

cuando las hojas caen ya no vuelven al árbol
y el viento se las lleva y se acaban pudriendo
en las aguas de un lago o bajo el cuerpo tibio de algún oso

pero tú le has devuelto al árbol de mi vida
todas aquellas hojas que alguna vez se desprendieron
de sus ramas le has dado
un sentido a mi vida antes de conocerte

escucho las campanas y el mochuelo de todas
las noches y los grillos y el ladrido de un perro
y el sueño de las hojas del cerezo y la acacia
y el silbido de un tren cada vez más cercano
y escucho lo que escuchas en donde estés ahora
tu pulso de luciérnaga que contagia este mundo
que me envuelve

y siento
que todo lo que escucho tiene el mismo sonido
que el de tu corazón cuando llueves o me besas

es perfecta esta tarde no estando tú a mi lado
hallándote tan lejos
que no puedes cortar conmigo los limones
ni sentir los vilanos
quemándome la piel y recordándome
las veces que yo he sido un vilano en tus pechos

está completo el mundo sin ti para contarme
las formas caprichosas de las nubes
la mirada de un gato que se parece tanto al lamento de un río
esa mujer que siempre dibuja en el crepúsculo la luz

es perfecta tu ausencia tan perfecta y segura
que la puedo abrazar y olerla y deshacerla
y dejar de existir mientras me muerde

# Los amores imposibles

(1990)

## Animales en Benarés

> El animal abre en mí una profundidad que me atrae y que me es familiar. Esa profundidad en cierto sentido la conozco: es la mía. Es también lo que me es más lejanamente escamoteado, lo que merece ese nombre de profundidad que quiere decir con precisión *lo que me escapa*. Pero es también la poesía...
>
> GEORGES BATAILLE

### LOS BÚFALOS

Saber lo que es la vida no es distinto
que contemplar a un búfalo zambullirse en el agua.
Esa tensa fruición con que husmean el aire
cuando se sienten cerca del río se parece
a la furia gozosa de los dioses cuando crean un cuerpo,
otro mundo finito al que entregarse.
(Los dioses sueñan con búfalos, con tener sus fronteras
de piel firme y lustrosa, sus ojos delatores de una muerte
serena, su pasión por la lluvia y los lagos. Ellos quieren saber
lo que es el tiempo que se acaba desde uno de sus seres
perfectos.)
      He mirado
muchas tardes la larga procesión de los búfalos
dirigirse a mis ojos para bañarse en ellos:
les llamaban mis lágrimas, lo más vivo de mí.

## Los monos

Entraban en las casas para buscar comida.
En realidad querían que jugásemos juntos
a vivir suspendidos en el aire que separa las cosas.
Ellos acercan: trazan las hebras invisibles
que van de todo a todo, van hilando con luz
el cuerpo de las casas, los árboles, los templos
para hacer de este mundo un lugar donde vivan
los seres abrazados. Su deber
consiste en destrozar, con sus saltos hermosos y sus gritos,
la distancia que esconde unas manos de un rostro,
una rama robusta de un pretil desde el que pende una campana,
a un hombre de sí mismo.
                        Y, sin embargo, había
quien les tenía miedo y les hacía frente con un palo:
no alcanzaban al mono sino a su propia soledad.

## Los perros

Merodean las piras funerarias reflejando en sus ojos
el humo que los muertos, pero también nosotros, desprendemos.
La ceniza recoge sus huellas con amor
mientras ellos acechan la caída de un hueso.
Son músicos que saben distinguir el sonido de la madera que crepita
con un oído experto. Saborean
también el aire acre y beben de este río
sagrado pero turbio. Es hermoso
este modo que tienen de existir: luchando contra el lento
trabajo de la muerte, arrebatándole
una tibia, una mano, un hombro, una cabeza.
Se podría decir que matan a la muerte,
aunque muchos escupan a su paso
con el mismo desprecio con que escupen su vida y la de todos.

## Los cuervos

Su crascitar continuo y monocorde
cruzaba por los días y los hechos inalterable. Como
los santones que rezan todo el tiempo una misma palabra
o frase y al hacerlo pretenden vaciarse para que entre dios en ellos,
así los cuervos graznan: para hacer el vacío
en nosotros. Por eso
estaba mi atención puesta en sus gritos:
era un modo perfecto de meditar, de ser.
Ellos le daban voz a mi esperanza
de hallar alguna vez el sonido del mundo y entregarme,
como si fuera un cuervo, a repetirlo
por postes y ventanas, a lomo de las vacas y los búfalos,
suspendido del hilo de la lluvia,
desde mi misma muerte, ese alféizar tan frágil.

## Las ardillas

Su condición es estar quietas, pero
les gusta hurtarse a la mirada de los hombres: los ojos
de los hombres no entienden la quietud de una ardilla,
que no es la de un objeto pero tampoco la de un ser
que exista trascendiéndose. Sus carreras, sus saltos
son el juego del tiempo que transcurre.
Mas cuando están inmóviles no hay tiempo:
no estoy yo, ni la tarde es brumosa, ni se desliza
ese barco cargado de arena por el río.
Si el cuerpo de una ardilla se detiene de pronto,
ya no es ella: eres tú si la contemplas perfectamente vivo,
*como el agua en el agua.*

## Los buitres

Cuando planean hacen más alto el cielo. Cuando bajan
y se agolpan sobre un cadáver, la Tierra se detiene
de pronto como un trueno y desertan los ríos de su cauce.
Los buitres nos invitan a evadirnos del tiempo que nos mata.
Y esperan, con sus garras y sus picos dispuestos,
a comulgar con nuestra carne
para luego elevarla y ofrecerla al abismo.
Ellos son el Espíritu que nos aguarda a todos.

## Las termitas

En pocos días devoraban
los libros. Si salías de viaje o te evadías
hacia dentro de ti o hacia los brazos
de una mujer, al regresar las termes,
tal reguero de fuego,
te habían liberado de las páginas en las que tú buscabas
lo que solo la vida puede darte.
Su labor es hermosa porque consiste en devolverle al hombre
su vacío, en dejarle desnudo, sin palabras,
callado frente al río, al cuerpo, la tormenta.
Además, las hormigas, que habitan lo profundo,
hacen al hombre cuya casa señalan
un ser privilegiado, alguien que puede sostener un peso
siete veces mayor que el de sus ojos.

## Los gatos

Les dábamos los dulces más sabrosos para que se quedaran
escuchando los ríos de las cítaras
que un amigo tañía en nuestro cuarto.
Por cómo se ovillaban en un rincón, o cómo
paseaban inquietos, o cómo se lamían, o por el dulce o fiero
[ronroneo,
sabíamos entonces si la música había complacido
o no a los dioses.
Luego,
ya el concierto acabado y todos idos,
los gatos se quedaban hasta el alba
enroscados en una eternidad
que era nuestra también por esas horas.

## Los niños

Cuando los niños miran las cosas no las juzgan: sus ojos acarician,
desgarran, se deshacen, pero nunca condenan ni perdonan.
Por eso quien les sabe mirar desde sus ojos
conoce la razón por la que el búfalo disfruta
con el agua, o el mono va saltando y tejiendo al mismo tiempo
puentes de luz en el vacío de los cuerpos, o el buitre
planea con paciencia esperando el gemido de la carne.

Los niños no contemplan ni tampoco se sienten contemplados,
y por eso están solos como el perro que merodea en busca de la muerte,
como el gato que vibra con los astros,
como el cuervo que grazna en la rama del árbol de la vida.

Ellos juegan a ver que una ardilla ha brincado
de una casa a otra casa
pero sus ojos no la siguen, son más lentos que el tiempo,
son ojos animales y viven detenidos en su ser.
Los niños son: en ellos *el agua está en el agua*
y el hombre está en el hombre.

## Amores imposibles

> El amor correspondido es necesario para descubrir lo que somos y para profundizar en el conocimiento del mundo. El amor imposible, por su lado, nos enseña algo mucho más importante: lo que no somos, eso sin lo cual ningún tipo de conocimiento tiene sentido.
> Christopher Dowson

### El diamante

Cortaba mis ideas cristalinas
con precisión y asepsia. Me dejaba confuso,
descolocado, solo. Era un puro diamante,
un manantial a cuyas frías y emponzoñadas aguas
acudíamos todos a beber para desconocernos.
Adoraba el vacío y la meditación
(lo que llamamos sexo el resto de los hombres):
se entregaba a mis besos con los ojos en blanco
y, mientras resoplaba y respingaba como un tigre poseso,
musitaba unos versos en sánscrito, el sonido
del mundo. No sabía, a pesar de sus dioses,
desnudarse del todo: siempre estaba arropada
por un olor a incienso y unos cuantos quilates de tristeza.
Después de varias noches de amar su desmedida
nostalgia (de qué nunca lo supe), mis amigos,
delicados algunos y otros un poco bestias,
pasaron dos semanas recomponiendo el puzzle de mis ojos.

## LAS TIJERAS

Hacía trampas siempre, jugando al póker o al amor:
le gustaba perder.
Recuerdo haberla sorprendido escondiéndose un as,
que le hubiera otorgado una escalera máxima,
y sacándose un cinco una vez que ya había
puesto en la mesa el resto.
No quería deberle nada a Dios.
Vencer o ser feliz, me aseguraba,
era hacer teología; vivir era otra cosa:
se parecía más a unas tijeras que a un collar de zafiros.
Intenté hacerle trampas yo también:
para que no rompiera con mis besos
le oculté que su cuerpo me hacía muy dichoso,
puse caras torcidas, cerré las puertas con violencia
y procuré mostrarme incoherente.
Se percató de mi farol, me hizo apostarlo todo
y, tan parsimoniosa como la misma muerte,
me enseñó la jugada: estaba despedido.

## El bosque

Hablaba de sí misma como quien pega hachazos.
Si no andabas con vista te aplastaba
alguno de los árboles que crecía en sus bosques:
tristeza, decepción, cansancio, oscuridad.
Una vez se tomó tantas pastillas
que hasta sus propios ojos se tragó.
Pero tenía piernas sinuosas como caminos infestados de ladrones
y sabía el secreto de las pócimas que avivan el deseo.
Sentía que al amarla era a la muerte a quien amaba.
La muerte hace el amor con manos más perfectas que la vida,
pero siempre le acaba abandonando a uno.
Ella se fue definitivamente
una noche que el gas la besó como nunca
ninguno de nosotros supo hacerlo.

## El pastel

Era algo sucia, por eso me gustaba.
Sus sentimientos eran merengues arrojados
al rostro, una delicia. Era pringosa pero dulce,
no apta para diabéticos ni para aquellos hombres
que siempre llevan puesto el amor del domingo.
Una pastelería cuando daba
besos, cuando lloraba, cuando estaba desnuda.
Un mazapán, una lengua de gato, cabello de ángel.
Una guinda en la nata, la nata en el bizcocho y el bizcocho
en la boca, en los dedos, dónde más.
Nunca me empalagó, pero el niño que soy
hizo que me marchara de su lado: desde el escaparate los pasteles
llevan siglos burlándose de mí.
Fue mi manera de vengarme.

## El hielo

Su hermosura tenía algo de la altivez de un samurai:
era una religión y era una espada.
Quien creía en sus pómulos tan tersos como nieve sin hollar,
en el mäelstrom ciego de sus muslos,
en la luz boreal de su piel y sus ojos,
era decapitado con limpieza y arrojado a las ratas.
Su frialdad se parecía más
a la del hielo sucio que queda en las aceras
que a la de un helado de vainilla.
Cuando supe de su gran colección de muertos me ofrecí
a enriquecerla: un joven poeta como yo,
de porvenir dudoso a causa de su abstemia,
podía interesarle. Me miró
como un cubo de agua y me dijo: «Conozco, por amigas comunes,
que escribes epigramas, cómo hierve tu sangre y que roncas. ¿Serías
capaz de renunciar a estas tres cosas para probar las aspas
de mi lengua?» No pude,
aunque os suene ridículo.

## El buitre

Su pasión era hacer el amor en lugares insólitos.
En un supermercado (era de un primo suyo
que nos dejó la llave a condición
de no desparramarle las latas de cerveza), en el portal donde vivía
su profesora de latín, ante un cuadro de Goya
que había en una sala del museo que pocos frecuentaban.
Los cuartos la asfixiaban, y también las caricias,
los besos, los piropos, las canciones románticas, las comidas caseras,
los parques y sus novios y palomas.
Una vez me llevó al sanatorio de las aves,
me hizo forzar la puerta de una jaula
donde convalecían dos buitres leonados,
les arrojó sus prendas interiores
y, carroñera, se lanzó con tal voracidad sobre el cadáver
perfecto que yo era que todavía ignoro si estoy vivo.
Al cabo me sustituyó
por alguien menos pusilánime.

## El cebo

Siempre mordía los anzuelos
que le lanzaba la nostalgia: al hilillo de sangre que corría
por ambas comisuras de su boca
le llamaba *pasado*. En mí buscaba un río
donde nadar de nuevo hacia las fuentes de su vida.
Pero esa remontada quedaba entorpecida por los múltiples cebos
cuya proposición de muerte ella aceptaba
no por fatalidad: eran, según decía, su alimento.
Hubiera deseado desnacer por cada una de sus culpas.
Por eso, cuando supo de las heridas –remolinos
y arenas movedizas– provocadas en mi piel por sus brazos
ganó la orilla y, desnuda y chorreante, se perdió por el bosque.
La seguí con cascadas y arrastrando peñascos,
pero sus huellas me mentían a propósito.
Ahora no me alejo nunca de mi pasado
por si muerde en el cebo (este poema)
que arrojo al cielo de su boca,
que es el único cielo que conozco.

## El sol

Miraba al sol directamente, sin quemarse, pues era
ciega. Nunca llegué a morderle los labios,
pero soñar con ella me dejaba desnudo;
durante varios días apenas me atrevía a salir a la calle
y me enfrentaba a los espejos con pudor: la certeza
de que estaba observándome desde algún frasco que ella hubiera
[tocado,
desde el rumor del agua de la ducha
o desde la fragancia del gel, me obsesionaba.
Apenas existía, pero daba sentido a la existencia
de las cosas, y les daba calor y ritmo y luz.
Era solar. Por eso
cuando llegó la noche la perdí.
(La preferí entre todas, no preguntéis por qué).

## El reloj de arena

Considerábamos
que el uno era metáfora del otro.
Su cuerpo era su cuerpo y además
el laberinto de mis manos: cuando la amaba
no buscaba el placer; buscaba al minotauro de mi vida,
un monstruo que se llama, según todas las crónicas, *tristeza*.
Mi cuerpo era mi cuerpo y además
una imagen del tiempo: me abrazaba
como quien lanza a la pared cien relojes de arena
en cada uno de los cuales dejó enterrado algo de sí mismo.
Un día, sin embargo, me desperté sediento a medianoche
y en la cocina vi, sin que se percatara
de mi presencia, cómo le daba de comer al minotauro,
cómo le hacía carantoñas y guiños cómplices.
Cuando de nuevo hicimos el amor
puse un reloj de arena donde ella no pudiera descubrirlo
y, mientras destrozaba los otros
noventa y nueve, le arrebaté un gemido y lo enterré.
Luego metí el reloj en el bolsillo y salí de su casa.

## LA LOCURA

Llamaba la atención que dijera sentirse incomprendida
por los árboles («daban sombra hacia el lado opuesto
del banco donde estaba leyendo una novela»), por el mar («sube
[cuando
estoy triste y baja cuando el gozo me inunda»),
por los gatos («existen para que nunca olvide mis carencias:
no soy ágil ni fuerte, ni grito en el amor, ni tengo siete vidas»).
Yo mismo, en cierto modo, la estaba traicionando
al intentar mostrarle que su interpretación no respondía a la
[verdad:
¿qué sería de ella cuando al fin comprendiese
que los árboles no proyectan sombra según sus apetencias,
que hay unas leyes a las que el mar se ajusta,
que los gatos no pueden decidir no existir?
Con mis explicaciones la estaba condenando
a sentir como todos: a estar sola.
Al final concluyó que yo también la incomprendía
porque siempre la estaba midiendo con palabras
(«es la mejor demostración de tu locura»),
no con mis manos y mi boca, no con mi piel, no con la sombra
de mis árboles, el mar de mis caricias ni mis gatos de niebla.

## El beso

En el guion había explicitado que para aquel papel se precisaba
una mujer que fuera, bajo un aspecto de flor de invernadero,
un tronco de abedul.
Fue muy difícil encontrarla.
Trabajaba en un bar siniestro –al negro
que tocaba el piano le faltaba el pulgar de la mano derecha–
llamado *Barra libre*. Puso reparos
pero al fin aceptó. Cuando finalizamos de rodar
el corto me propuso que la enseñara el arte de dar besos
melancólicos, dulces, besos poéticos y falsos como
dan las universitarias. Antes de que pasara
a la lección tercera –las dos primeras fueron desastrosas–
de golpe comprendió cómo se hacía:
con un giro elegante del mentón,
y mientras susurraba que la volvía loca,
me rompió la nariz.

## LA ANACONDA

Con mujeres así de constrictoras
es arriesgado parecer un animal. Mejor
era hacerle pensar que eras un lago
o un árbol centenario de poderosas ramas.
Si era así zambullía en el limo su cuerpo
o lo enroscaba alrededor del tronco
con movimientos lentos de tormenta dormida.
Si, al contrario, sentía latir su corazón,
se quedaba al acecho; su lengua bífida vibraba
mientras reptaba hacia su víctima,
la luna (ese era el pacto) se guardaba los ojos un instante
y el animal, con enorme sorpresa, reconocía
aquellos estertores como suyos. Te devoraba entero
–quieta durante meses– excepto la cabeza,
que al pudrirse rodaba hasta llegar al fondo de ese valle
que llamamos espíritu. Hablo de la anaconda,
de la mujer que me enseñó a amar sin sentimientos,
el amor de los lagos y los árboles.

## Viento de levante

«El viento de levante tiene manos de arena
pero no sabe usarlas», me decía.
«Él cree que acaricia y en realidad golpea.
Lo que llama rozar el pecho de las dunas con ternura
es manotazo doloroso, salvaje apropiación.»

Mientras daba otro sorbo al vaso de ginebra
seguí la curva de sus labios, un satélite más
de tantos como habían proclamado su lengua como centro.

«Piensa que las gaviotas que aletean en vano
se han parado a mirar la fuerza de su torso.
Y que el mar que se encrespa lo hace para asomarse
a su mirada, para anclar en sus ojos de jade.»

Ahora fumaba un cigarrillo y el sol le perfumaba
la espalda. Recordé, con estremecimiento,
la sombra de sus piernas entre las sábanas limpias,
su aliento entrecortado, sus uñas en mis muslos
dibujándome el plano del tesoro.
Suspiré aliviado de haber sobrevivido dignamente
a todos esos tiburones que ella
llegó a verter al agua salada de mi cuerpo.

«El viento de levante es un enterrador:
sepulta cuanto toca.» Hizo tintinear
los cubitos de hielo ya casi derretidos,
me miró resentida y, con el tono justo, me aclaró:

«Hablo de ti, imbécil.»

Libro de homenajes

(1993)

Una cierta afición por la distancia
me define. Alejo todo
—o se aleja, no sé— para verlo en conjunto.
Quien fragmenta asesina (peor: se queda solo).
                                        Mis abrazos
son mensajes escritos con banderas
en el aire del mar: se desvanecen
Más en los ojos que el cuerpo.
Mis besos son arpones
que arrojo a una ballena fugitiva.

Sé que todo se aleja, sin embargo,
para entregar su plenitud (¿o su divinidad?),
que una cierta distancia es necesaria
para crear el mundo a cada instante.

Sin esta certidumbre, ¿cómo escribir?
¿Para qué ser si no se asume esta tarea?

Mis caricias son débiles
porque no te las hago con las manos:
es el mar quien las hace,
el infinito puesto entre nosotros.

## Homenajes indios

*Uno*

### Amaru

Mi amada es tejedora de guirnaldas,
yo transporto viajeros de una orilla a otra orilla.
Los canastos de flores la rodean
como el agua golosa que bandea mi barca:
sus manos son fragantes, las mías tienen callos;
mis ojos son del río, los suyos de la tierra.
Cumplida la jornada nos vemos a escondidas
y yo tejo guirnaldas en sus nalgas y pechos
mientras ella, barquera,
empuja con la pértiga mi cuerpo hacia la aurora:
mis manos son fragantes, las suyas tienen callos,
sus ojos son del río, los míos de la tierra:
ambos somos el otro y este mundo es el cielo.

## Vidyapati

La muchacha de miel
se entretiene en la boca del amado
mientras este contempla
el abrazo del loto y de la luna.
Mas una nube pasa: el abrazo
se deshace y consuma al mismo tiempo:
la muchacha de miel es devorada por su amante.

## Kalidasa

Cuando desato el nudo
que ciñe su vestido a su cadera
y el cuerpo de mi amada resplandece
deslumbrándolo todo,

la llama de la lámpara y los blancos nenúfares
y la luz de la luna y la seda y el lino,

turbados de repente por hallarse desnudos delante de nosotros,

arrojan un puñado de sombra sobre ella
intentando, sin éxito, apagarla.

**Bilhana**

I

Todavía recuerdo
el tintineo frío de sus labios
y el tintineo cálido de sus pulseras,

y a mi amada desnuda corriendo por la orilla
perseguida por tigres y la aurora,

y a mi amada desnuda sumergiéndose en mí
como un tiro de flecha
que atravesara
el corazón del tiempo.

II

Todavía recuerdo
sus pendientes de oro cayendo hacia mi boca,
el loto entre sus manos,
el agreste perfume de corza que exhalaba,

sus uñas rojas rotas
desgarrando las sábanas de lino,

la andanada de piedras de sus ojos
impidiendo a la muerte aproximarse,

la andanada de piedras de sus ojos
lapidando a los muertos
que a todos nos habitan.

## Damodara Gupta

Sus muslos como trompa de un elefante joven
y sus pies de nenúfar, sus senos opulentos
como tarro de hierbas aromáticas.

Esta mujer: guirnalda de relámpagos.

## Dos

### Kabir

Contempla esta vasija de barro: en su interior
están los siete océanos, las estrellas del día y de la noche,
los animales y las plantas. Están también
todos los hombres menos tú, que contemplas el fondo
de esta vasija desde fuera.

Dice Kabir:
¿a qué esperas, hermano,
para meterte dentro sin olvidarte ni un cabello?

**MIRABAI**

Por mi Señor, hermana, he abandonado a un príncipe
y la vida lujosa de un palacio.
También he abandonado la tristeza,
que es ese sentimiento que te obliga a descender de un elefante
y a cabalgar un asno. Mi Señor
me contempla gozoso cuando bailo desnuda para Él,

y a veces se transforma en remolino y finge que se ahoga
—a mi danza responde con la suya—
para hacerme sentir cómo la vida
se parece a la muerte.

## Basavanna

A veces soy mujer y otras un hombre.
Cuando me llama el agua de tu cuerpo
y tus dedos que fluyen me tañen como a cítara,
soy tu esposa.

Mas cuando el viento azota tu espalda o te fustigan
los guerreros del sol,
me encrespo junto a ti para luchar
como un tigre de roca y de bambú.

Por tu amor,
oh Señor de los Ríos que Confluyen,
a veces soy mujer y en otras hombre.

## Allama Prabhu

Alguien sigue mi rastro como el que acecha a un oso.
Le presiento escondido detrás de los zarzales,
estudiando mis huellas, vigilando
la dirección del viento y las ramas caídas.

Apenas pienso en él:
hago mis abluciones y recojo las bayas
como un día cualquiera.

A la puesta de sol cinco guerreros
amenazantes se presentan.

¡Oh, Señor de las Cuevas!,
tan fuerte como son y no se atreven
a seguirme y a entrar dentro de Ti.

**VASUDEVA**

Soy tu arquero, Señor de la Tristeza,
mas mi carcaj está vacío.
Dame flechas de fuego, de bambú, de magnolias
para poderte defender cuando llegue el momento.

*Cuando llegue el momento,*
*dijo,*
*las flechas que no tienes defenderán mejor*
*a este Señor de la Tristeza.*
*Mira bien tu carcaj: está repleto.*

## Bhartrihari

Un renunciante anciano me regaló una joya
refulgente y extraña como la misma muerte.
Se la entregué a mi amada, quien, a su vez, la dio
a su otro amante, el cual se la ofreció asimismo
a una mujer que un día la puso entre mis manos
como prueba infalible de su amor.

Desde entonces mis manos son muñones, pues nada
podría convencerme para abrirlas:
no quiero que se escape la joya y que comience
a girar otra vez la rueda del deseo
y me aleje de Ti,
luz fulgente y extraña, mi tesoro escondido.

## Gurú Nanak

En el mes de *badhom* los ríos se desbordan
y los pavos reales chillan. Es el monzón,
la estación de los truenos y el sueño del ofidio.
La tierra desparrama sus olores
como mujer su ropa a los pies de la cama.
Barrita el elefante, y los últimos mangos
se ofrecen con lujuria a los cinco sentidos.

Llora Nanak:
en el mes de *badhom*
los hombres no Te invitan a sus casas:
los nubarrones, piensan, son un paño en tus ojos.

## El nombre de dios

jugar ese es tu nombre y me has creado
por capricho por nada para hacerme
una broma
              jugar ese es el nombre
que le has puesto a mis manos y a mis ojos
desde que sé que nada es importante
que es lo mismo que palpe o que contemple
con manos y con ojos de asesino
que de amante o de nube que les crea
cuando dicen que existes o que no
que aspire a ser perfecto o me destruya
que me ponga a escribir este poema
o a acariciar la suave piel de un búfalo
es igual que te escupa o que te bese
no hay reglas en mi amor me has enseñado
a que no hay diferencia entre abrazarte
o reírme de ti y proclamar
tu muerte
             siempre juegas con nosotros
no dejas de crearnos
                        cada instante
te inventas laberintos de placer
que te inventan y luego tú los borras
para borrarte en ti y qué placer
volver al laberinto de la nada

jugar ese es tu nombre ese es el nombre
que alguna vez quisiera merecerme
el nombre de las olas de los pájaros
de la palabra cuerpo de las ramas
que el vendaval enreda y acaricia
de los tambores y la muerte viva

quisiera merecerme que jugaras
conmigo que me amaras hasta el punto
de arrancarme los brazos y las piernas
de masticar mis ojos de romperme
los huesos de la espalda de aplastarme
la granada del sexo que tu amor
me dividiera y fragmentara como
el amor de los niños que lo rompe
todo que lo desarma todo siempre

jugar ese es tu nombre ese es tu nombre
cuando me abrasa el sol y una bandada
de cuervos desenlaza nuestros cuerpos
que de pronto son sombra de una sombra
y al instante regresan al sol dentro del sol
cuando dibujas remolinos simas
en nuestra geografía si moldeas
en mi mente de barro los fantasmas
que me arrastran consigo hacia otros mundos
y dudas en dejarme en ellos darme
el don de la locura
                      siempre encuentras
relaciones extrañas en las cosas
colores imposibles ritmos nuevos
sentimientos caminos sensaciones
y haces falsas las leyes de los hombres
y te burlas de nuestra seriedad
y prefieres y buscas
al que juega consigo y
                      como tú
se llama el salto aleve
de una ardilla el aullido de los lobos
cuando la luna llena
                      la montaña

que ruge el planear de la gaviota
el suicidio feliz de los cetáceos

un hombre juega a ser un hombre y luego
la luz que sueña sobre el mar
                              de pronto
sospecha que te encuentras prisionero
en la piedra encontrada en el fondo de un cuerpo
y dedica
su vida a rescatarte
                    jugar ese
podría ser tu nombre si tuvieras
alguno

## El tiempo y la eternidad

I

Estoy cansado de ser alguien parecido a sí mismo cada día,
de ser ese destello de sol en mis ojos cuando el agua desnuda
un cuerpo que deseo, de ser esa gaviota
que planea en el cielo de mi mano y un instante después,
cuando la cierro,
desaparece,
                cansado de ser tiempo en vez de fruta,
de ser espacio en vez de luz —o ni siquiera luz: un soplo que vacíe,
un vendaval inmóvil que me borre del todo–,
cansado de ser alguien parecido a las cosas que contempla y a los
                                              [cuerpos que abraza
pero distinto de las cosas y los cuerpos, incluido su cuerpo,
ese animal extraño y acezante que persigue mi rastro más allá de
                                                  [la muerte.

Si supiera dormirme en las manos del tiempo, como duermen
                                              [duraznos y granadas,
en vez de suplantarle, de intentar ser yo mismo el tiempo,
lo que mirara y abrazara ya no serían cosas, ya no serían cuerpos:
estaría mirando y abrazando mi propia eternidad.

II

Mis ojos son del tiempo pero no lo que en ellos habita: este barco
atracado en el puerto entra en mis ojos y sale de mis ojos,
navega la distancia que hay entre mis ojos y los suyos y luego me
                                                    [abandona.
Si hubiera anclado en este mar –que no soy yo ni son mis ojos
pero que vive en ellos– ya sería infinito:
un barco eterno
al que siempre estarían mirando algunos ojos
(al que siempre estarían borrando algunos ojos).

III

Basta apilar brizas resecas, ramas y troncos para quemar el tiempo.
Si quemas las pavesas y las mismas cenizas
y luego quemas el rastro de este fuego en el aire y tu piel
y quemas tu memoria del fuego y todavía quemas todos
los fuegos sucesivos hasta llegar al último, a aquel que ya no es hijo
del fuego, habrás quemado lo que fuiste y serás y habrás llegado
al fin a lo que eres:
una llama apagada, inextinguible.

## Variaciones sobre la tristeza

> Mi melancolía es la más fiel amante que he conocido.
> Sören Kierkegaard

> Esta simiente del poeta –dejando de lado la indispensable capacidad artística– es la fuerza de la tristeza.
> Marina Tsvietáieva

> Oh, Tristesse, donne-moi le nom exacte des choses.
> Maurice Chevron

> Acongojados al sentir que todo pasa, que pasamos nosotros, que pasa lo nuestro, que pasa cuanto nos rodea, la congoja misma nos revela el consuelo de lo que no pasa, de lo eterno, de lo hermoso.
> Miguel de Unamuno

> La Filosofía fue además [...] curación, consuelo y remedio de la melancolía del vivir entre fantasmas, sombras y espejismos. Pero la Poesía no quiso curarse, no aceptó remedio, ni consuelo para la melancolía irremediable del tiempo, ante la tragedia del amor inalcanzado, ante la muerte [...]. Su única cura estaba en la contemplación de la propia herida y, tal vez, en herirse más y más.
> María Zambrano

> Poetry is a form of *melancholia*.
> Wallace Stevens

> La *melancholia* traiciona al mundo por amor al saber. Pero en su tensa absorción contemplativa se hace cargo de las cosas muertas a fin de salvarlas.
> Walter Benjamin

I

Soy un hombre habitado por sus ojos mas vacío de imágenes.
En otro tiempo mi mirada tejía entre las cosas
y yo, como una araña, resistentes
hilos
finísimos:
en ellos descansaban, sin dejar de volar, las aves,
                                    planeaban,
sin dejar de estar quietas, las grúas,
                        y los hombres, sin dejar de ser
                                    [hombres,
quedaban confundidos con el mundo circundante, se hacían
invisibles de tanto serlo todo.

                    Ahora mi mirada
va arrojando las formas que almaceno hacia fuera, disfruta
rompiendo aquellos hilos y viendo cómo aquello que amó en
                        [otro momento se despeña
por mis ojos abajo.
            Mis ojos están llenos
de imágenes que vuelven a sí mismas, mas vacío de imágenes
que quieran poseerme, luchar contra mi propia mirada, lo que
                        [llamo mirada y es tristeza.

II

Lo que he soñado es hielo derretido, agua bebida por el fuego,
las cenizas del viento que el crepúsculo esparce. Nadie venga
a contemplarse en el espejo de mis manos si no
quiere soñar consigo como un enorme hueco, como una sima a
                                    [la que nada
se asoma, ni siquiera el silencio o la noche.

Antes era iceberg en medio del océano: quienes a mí venían
lo hacían para abrir en dos el casco de su nave
y conmover mi mole gigantesca con un choque frontal que
                                                                               [estremeciese
sin destrozar mi mundo. Entonces era yo
y era fuerte y distinto.
Ahora ya no existen diferencias
entre el barco y el mar y el marinero: todo vive abrazándose,
modelando el vacío donde acaban los sueños anegados,
confundidos los unos con los otros,
formando un solo sueño:
el sueño del vacío
que, como un don, le llega al hombre alguna vez
cuando decide no nombrar su estado de infinita tristeza
y la habita, la habita simplemente.

III

No sirve lo que fui. Lo que no he sido
es lo importante. Mi pasado no existe
de tanto no quererlo. Es de los otros, mas no mío. No reluce ni sabe
cegar como los seres de la nada.

Mas no es fácil volver sobre mis pasos para encontrar
los labios no besados, los cuerpos no elegidos (no para poseerlos:
para darlos también y volverme tan pobre que ni la muerte sepa
qué hacer para matarme).
                                      Lo que no he sido y se me escapa
es lo que soy,
el fugitivo, el triste, el imposible,
el traicionado por el tiempo, el tachado, el inútil,

pero dónde buscarlo para hablarle de mí
y meterme en sus sueños.

**IV**

Está desnudo todo lo que toco porque mis manos son la desnudez.
La piel de una pantera, la de un melocotón,
la de una espalda, la del mar de otoño
son la misma: mis manos las despojan
de aquello que las hace diferentes:
su color, su textura, su grado de tensión, su tamaño, su historia
de heladas y de incendios, su hartazgo
o su necesidad de sentir otro roce.

Mis manos aman la tristeza que se esconde en las cosas,
la tristeza que elige el centro de los seres, lo que llamamos alma,
y que se queda allí tan quieta que parece que no ha existido nunca.

La tristeza desnuda: devuelve a cada cuerpo la claridad perdida
y a cada luz le da el cuerpo que ha soñado.
Al cuerpo le desnuda de su cuerpo y a la luz de su luz.
(Ciertos amaneceres, ciertos hombres cansados,
¿no son idénticos, y no se funden
como el agua de lluvia con el agua de río?)
Bajo la mano limpia de la tristeza todo se desnuda de sí
y se llena de mundo, y cada cosa es
el resto de las cosas menos ella.

**V**

La soledad no es un estado sino
una forma de ser: la que adoptan los árboles
y los volcanes.

        Acarician mis ramas,
mis raíces, mi fondo mineral
(donde hierve la noche y se forjan los cuerpos),
pero nunca mi ser, cuya forma es un ave no visible
que pesa como todo el Universo.

El ave tiene un nombre:
tristeza.

**V BIS**

La soledad no es un estado sino
una forma de ver: la que tienen los mares,
que arrojan lo que miran
–y hasta sus propios ojos–
a la playa.

        Mis ojos
son los del mar. La tristeza
es la playa vacía donde rompen mis ojos y se quiebran
las vasijas de barro donde duerme
lo que miro.

**VI**

Para llegar a lo que siento
tengo que recorrer un laberinto
que custodian las sombras de lo que fui y seré.
Ellas procurarán que me extravíe, que pierda la razón
y nunca desemboque en lo que late
en cada uno de mis cuerpos.

La locura: llegar

tarde o muy pronto a los sentidos.

Tarde porque entonces el rastro
que ha dejado el aroma o el tacto de una flor
nos pedirá seguirle hasta el pasado y uno empieza a vivir
de espaldas a sí mismo.

Muy pronto pues fácil
que a ese lugar donde esperamos nunca venga el aroma
ni el tacto de esa flor y quedemos, por ello,
más allá de nosotros para siempre.

Estar en lo que siento en el momento de sentirlo,
asistir desde el centro vibrátil de mis manos al estallido lento de
[otras manos,
ser mi boca y mi piel en el instante en el que coinciden con otra
[boca y otra piel,

eso tan solo ya sería
la completa y fatal superación
de la tristeza.

VII

Mi vida tiene un centro cuyo nombre es naufragio.
Isla de agua rodeada de tierra,
este centro me pide que a sus olas arroje cada cosa que miro,
lo que pesa y gravita, las rocas y los astros, todo yo,
que me asomo a mi centro para verme
y solo veo la ceguera.
Pero también mi centro tiene un centro: se llama luz ardiente.
Remolino de fuego circundado de agua,
el centro de mi centro aguarda la total extenuación,

el naufragio absoluto de todo lo que he sido,
para entonces devolverme los ojos, que verán sin dejar de estar ciegos.

Mas me asusta no ver desde el fondo del agua
y me aterra mirar lo que el fuego consume.
¿Cómo podré alcanzar el centro de mi centro
si estoy encadenado al cuerpo de mi amada, a los bosques
y al aire que respiro?

Mi vida tiene un nombre cuyo centro es tristeza.

VIII

Se aproxima la noche
y aún no sé qué hacer con mis sentidos:

si arrojarles al agua para que allí,
ya floten o se hundan, participen
de lo infinito,

o si enterrarles y de este modo,
lo mismo si se pudren como si resucitan,
se conozcan mirándose en la muerte:

la tristeza del náufrago o la tristeza del fantasma.

## IX

(En el principio estaba la tristeza
amándose a sí misma en el vacío.
La fricción de su cuerpo con su cuerpo
produjo el resplandor al que llamamos mundo.
Hija del resplandor es esta mano
que borra nuestras huellas en la arena
y borra nuestros ojos que las buscan.)

## X

Casi todos los días me embarga la tristeza
de no saber romper con el hechizo
de la inmovilidad –ser es estar encadenado–,

y quisiera ser libre
para poder caer,
como lo hacen las piedras,
sobre el agua de un lago:

unas ondas efímeras
y luego reposar en el fondo, callarme
junto a otras piedras que supieron huir
del aire y de la tierra.

## XI

Definición de la tristeza:

los árboles no comen de mi mano
como las palomas.

## Las letanías de Satán

> O Satan, prends pitié de ma longue misère!
> 
> BAUDELAIRE

Tú que fuiste expulsado por desear que dios
también tuviera un cuerpo, por soñarle unos labios
y no solo una voz que dicta mandamientos,
por ponerle una boca mordedora, una lengua
ansiosa de otra lengua, un cuello peligroso,
unos muslos feroces como estrellas fugaces,

por pensar que debía ordenar la existencia
como un abrazo eterno y no como una espada,

¡oh Satán, ten piedad de mi largo infortunio!

Tú que al caer quebraste los tarros de perfume
y las capas de hielo que recubrían todo,

que alzaste una cabaña de fuego en cada mano,
esa hoguera habitable que llamamos placer,

¡oh Satán, ten piedad de mi largo infortunio!

Tú que inventaste el tedio y el asa de las tazas,
el verso alejandrino y los pueblos caníbales,

¡oh Satán, ten piedad de mi largo infortunio!

Tú que estudias paciente la faz de los canallas
y te pruebas sus huellas con pasión de erudito,

que lames al leproso y el helado de kiwi
con idéntica gula pues ambos son metáforas
de la decrepitud,
que coleccionas barro,
callejones, bombillas fundidas, desertores,

¡oh Satán, ten piedad de mi largo infortunio!

Tú que todo lo trizas porque solo disfrutas
con los rompecabezas, que haces del mundo un puzzle
de piezas que no encajan y de piezas que escondes,

¡oh Satán, ten piedad de mi largo infortunio!

Tú que acudes a mí cuando mi voz restalla
y el mundo avanza un paso como yunta de bueyes
porque juntos aramos la palabra universo,
esa tierra baldía sembrada de puñales,

¡oh Satán, ten piedad de mi largo infortunio!

Tú que eres perezoso y frívolo, mas alguien
con quien charlar sin prisas de lo que pasa aquí

que en nada se parece a un gestor de milagros,

no el ácido burócrata que sella salvaciones
o condenas detrás del mostrador de un cielo,
sino un buen bebedor de risa contagiosa,

¡oh Satán, ten piedad de mi largo infortunio!

Gloria a ti, oh Satán, adversario del Hombre

pero no de los hombres, adversario del Ángel
pero no de los ángeles (con los cuales te pegas
juergas que tantas veces acaban en escándalo),
adversario del Cuerpo y amante de los cuerpos,

Satán que nos enseñas la rebelión suprema:

conjugar en plural, ser arena y no roca,
a mirar con martillos de placer en los ojos
que golpeen el Yo, ese largo infortunio.

Cabo de Trafalgar.
Leyendo los *Cuatro Cuartetos* de T. S. Eliot

I

Mientras alguien distinto
de mí me mira con indiferencia
desde mis ojos –tal vez el viento que barría
las dunas o los haces del faro–, alguien cuya
presencia me hace libre y que no reconozco
porque aún no es el tiempo de nombrar lo invisible
ni de amarlo,
              las barcas, las gaviotas, las rocas
(que rompen en las olas y avanzan imparables
hacia el centro de sí),
                      todo vuelve sin prisas para darle
otra forma al olvido, no para rescatar
el cuerpo que era entonces –y que llamaba, ingenuamente, luz–,
sino para salvar el cuerpo que ahora soy
–este que llamo cuerpo sin más, tal vez también ingenuamente–
de ese alguien que me mira con triste indiferencia
desde mis ojos.

II

He olvidado el olor que exhalaba tu piel cuando salías
del agua o de mis besos. Sin embargo,
recuerdo cada estrella que contemplamos juntos
y el recorrido de la luna –desde que aparecía detrás de los acantilados
hasta que, roja, el mar se la bebía– que en noches como aquellas
nos convertía en ejes, en el punto central del universo
visible. Pues los astros y las cosas

nos besaban, y tú –¿o ya no eras tú?– vivías más
en esos besos que en los tuyos.

III

¿Qué es lo que queda de uno
cuando sale a buscarse en las estrellas?
¿Era yo el que vagaba por la noche en busca de un sentido
que explicara lo más pequeño y lo más grande,
o era yo aquel que estaba en la playa besándote
sin preguntarme nada excepto cuándo y por qué dejaría
de olerte y respirarte? ¿O era yo lo que tú
escribías que era –con conchas y maderas y el talón de tu pie–
sobre la arena húmeda? Amor
y soledad, ¿no son lo mismo?
Mis noches siguen persiguiendo un cuerpo
de estrella, luminoso y lejano si se mira en la distancia
mas calcinante si se vive en su centro: soledad
y amor, lo que me invita a mirar desde arriba lo que soy
y aquello que me fuerza a ser mientras me arranca
los ojos con violencia. Y, sin embargo, sé
que lo que soy no estaba
en mis manos repletas ni en mis manos vacías,
sino en esa nostalgia
que tenían las unas de las otras.

IV

El tiempo me miraba desde el caparazón de los cangrejos
y los lirios con algo de tristeza.
También desde su cuerpo bronceado y sus piernas pulidas por el
[agua,

o desde la palabra amor, o desde –¿no es lo mismo?–
los castillos de arena que el viento construía.
A veces, creo, estuvo a punto de dejarme
abandonado en la locura –que es un lugar vacío
de tiempo–, pero siempre venía a rescatarme el movimiento
súbito del cangrejo o la quietud que hallaba en el mecerse
continuo de los lirios. Supe entonces
que no se distinguía en nada la acción de acariciarla
de la acción de pisar
un erizo: el tiempo
convierte las caricias en espinas
e ilumina la vida por medio del dolor.

## Cartas de Rilke a las mujeres

### Lou Andreas-Salomé

Solo es real lo que llega de ti.
Una puesta de sol o una tetera
son implacables ángeles o máscaras de lo infinito
hasta que vienes tú y los vuelves tangibles.
Antes de conocerte
con pavor caminaba entre las cosas,
pues todo, cualquier brizna de hierba, me aplastaba
con sus mil toneladas de posibles sentidos,
con el dios o avalancha de piedras emboscado
que asaltaba mis ojos y mi piel.
Ahora soy un cuerpo y no un fantasma,
y el mundo no es un lúgubre castillo donde vago
sino un inmenso lecho
donde hacer el amor con las teteras,
con las puestas de sol, contigo, con el dios
de las piedras también, todos juntos en ti
inventando el amor, la realidad.

## Marina Tsvietáieva

La nada,
plañidera pagada por nuestros enemigos,

llora desconsolada ante mi tumba abierta
y se rasga la túnica y se lamenta a voces
de mi vil defección («¡Qué traición estar vivo!»)
y me sigue a la ducha y a la página en blanco
con lágrimas voraces y una pala en el hombro.

Sin arrojo bastante para hacer de verdugo
ni de calzarme al cuello
el lazo corredizo de la ausencia de luz,
dibuja mi esqueleto al dorso de las cosas.

Marina, nunca escuches el llanto de la nada:
mientras tú no me llores no habré muerto.

## Merline (Baladine Klossowska)

Llevo meses mirando trabajar a una puerta.
Lo he abandonado todo: los libros, los paseos,
la tarea imposible de atarme los cordones.
Me fascina el imperio que demuestra
sobre su propio espacio: nadie puede
ignorarlo, invadirlo, desterrarla,
como si fuera solo un objeto sin luz,
sin un riesgo mortal: que ella misma le encierre:
o en el mundo de afuera donde acecha el león
o en el mundo de adentro donde acecha
la ausencia del león.
Una puerta recorre su elíptica con aires
de planeta, y también
es hembra y macho a un tiempo como todos los astros.
Hay que pactar con ella, es decir, aceptar
que existe el universo y unas leyes eternas:
que el cuerpo es una puerta, que Dios es una puerta,
que una puerta es un cuerpo y que una puerta es Dios,
que todo es una puerta y que una puerta es todo.
Traspasarla es tan fácil y a la vez tan difícil
como mover un ojo o respirar
pues solo está al alcance de los vivos.

Esa puerta que llevo tantos meses mirando
trabajar eres tú, y cuando al fin me entregue
su corazón,
esa dulce constancia sideral,
ya podré aproximarme, cruzarte y descubrir
el otro lado de las cosas.

## Benvenuta (Magda von Hattingberg)

Piano abandonado en un jardín,
así me siento.

El guano y la hojarasca, los gusanos de seda,
las lagartijas y las termes, todos
los hijos de la lluvia y los hijos del sol
pasean por mis venas y mastican mis nervios.

Las arañas escriben sus conciertos
en pentagramas de hilos sobre mí.

Los abejorros liban en mis teclas.

Se van desvencijando mis maderas.

Muchas cuerdas estallan por el placer de hacerlo
como frutos de pronto dehiscentes.

Nuevas generaciones de rosas piensan que
soy un arbusto extraño o quizás la osamenta
de un huracán que duerme después de la catástrofe.

Piano abandonado en un jardín
para que tú lo abones, podes, riegues, limpies,
para que tú lo afines
usando el diapasón de tus aréolas.

Así me siento.

## Clara Westhoff

Tengo una relación cómplice con tus manos:
ambos amamos las preguntas
que nos hace el paisaje o la espalda de un río,
que nos hace el vilano, el cierzo, la oropéndola.

Yo siempre quedo mudo, mas tus manos,
pacientes como el fondo de los mares,
tornean, labran, tallan respuestas y respuestas.

Una masa de bronce o un bloque de granito
son velos que recubren la belleza,

y la belleza misma es un disfraz del tiempo,

y el tiempo es esa máscara
que nos ponemos todos
para asistir al baile
sin ser reconocidos
por los que administran
preguntas y respuestas.

Tus manos quitan velos,
arrancan los disfraces y las máscaras:
de una manzana saca un ángel, de cada cosa un ángel.

Una buena respuesta te desnuda,
te deja a solas con un ángel.

Ambos amamos las preguntas que
en tus manos son ángeles, manzanas,
el cierzo y la oropéndola, vilanos, cuerpo en vuelo.

## *Las metamorfosis* de Ovidio

antes de comenzar fui una llanura
sus caballos salvajes y sus lagunas frías
sus regueros de estrellas y planetas
que en fila se dirigen a trabajar al cielo
sus hormigas que al alba regresan a sus hoyos
cargando las elípticas los giros regulares
atesorando fórmulas para el tiempo del caos
antes de comenzar cuándo fue aquello
y por qué una llanura y no una cordillera
por qué caballos no muflones
por qué lagunas en vez de saltos de agua
antes de comenzar también fui el eje
de un viejo carromato manejado por nadie
la tempestad de arena que lo volcó el chirrido
que hacen las ruedas cuando giran
los buitres que se posan en su fleje herrumbroso
y se atusan las plumas aguardando a que nazca
entonces de repente soy un cactus
una deflagración de espinas
esta carne sin sed que avanza por el páramo
husmeando a las hienas
y las minas de zinc abandonadas
buscando al que será para darle su leche
y la inmovilidad que es la flor del vacío
soy un cactus que busca al que seré
preguntando a las larvas y a las víboras
al torcecuello a la mangosta
al alacrán al zorro a la iguana al milano
con preguntas que pesan como un menhir que están
situadas allende la conciencia
un cactus que se mella las puntas con un bote

de hojalata y de pronto se transforma
en un niño que juega a las canicas
en un solar
atestado de escombros
pero quizás no sea un niño
sino un grupo
todos los niños de este barrio
que comen duermen chillan defecan y destrozan
una constelación de niños
girando la peonza subiéndose a los árboles
dejándose rodar por los taludes
al fondo de los cuales les aguarda
esa botella rota que es la vida
un niño que en efecto da vueltas y más vueltas
él mismo una bolita de cristal que ha impulsado
con infalible puntería el tiempo
soy un niño por tanto que vuelve a ser un cactus
soy un cactus que vuelve a ser llanura
de nuevo soy un cactus de nuevo soy un niño
y sigo dando vueltas y más vueltas
hasta que al fin me frena la pata de una cama
y escucho una estampida de cuerpos desbocados
el tintineo del quinqué y del aguamanil
el balanceo de ese espejo con apenas azogue
en cuyo fondo vese
dos glúteos una mano un pecho medio rostro
luego las corvas luego
una espalda surcada por un cabello rubio
luego un puño crispado
luego un cactus y luego una llanura
luego tan solo una cerilla y una araña en el techo
sigo al pie de la cama
y hasta que ella no me nombra cariño pásame las medias

no sé que soy las medias negras de esta mujer
océano de nylon para dos tiburones
precipicio de nylon para manos suicidas
nubes de nylon para arcángeles músicos
humareda de nylon para facilitar
que se escapen ladrones asesinos sonámbulos
cariño pásame las medias pero el hombre
sacude la ceniza del cigarro
y travieso me arroja hacia la calle
con un gesto de rama que azota el vendaval
me arroja hacia la calle por la ventana abierta
y mientras cruzo el cuarto les veo en el espejo
un pellizco una nuca veinte manos un codo
luego me quedo ciega al pasar el alféizar
soy una media negra que desciende en la noche
un remolino negro que se duerme en el aire
algo negro que cae durante varias vidas
un agujero negro que amenaza engullirse
las naves los cometas mis palabras la luz
mas que se posa lento y dulce
sobre un papel en blanco
sobre un papel en blanco sobre el cual aterrizan
las letras con su negra procesión
de hormigas voladoras que regresan al llano
para contar el orden que reina en las estrellas
cariño pásame las medias dice el texto
un agujero negro dice el texto
un cactus dice el texto
una llanura dice el texto
el texto dice el texto
yo soy el texto dice el texto
mas quién es yo si he sido tantas cosas
llanura cactus niño medias texto

y el texto dice yo me golpea las ingles
me aplasta las falanges me desencaja el húmero
apaga cigarrillos en mis plantas
pero nadie confiesa
y un mango de cuchara me revienta los ojos
tu puta madre chilla el texto empapado en sudor
dónde está yo se desgañita el texto
conecta el electrodo a mi sexo sonríe
empuja la palanca y justo entonces
el texto dice yo y se desvanece
estaba torturándose a sí mismo
preguntando por sí a una imagen de sí
el texto dice yo y se desvanece

**De lo que nos llevaríamos a una isla desierta precedido de las distintas acepciones de la expresión *isla desierta*, así como de otras consideraciones complementarias, todo ello escrito en homenaje a mis amigos de la tertulia del café *Puerta Oscura***

*Isla desierta*: dícese,
pues el placer es hijo del océano
y de una guillotina,
del cementerio de las manos;

de las cabinas de teléfonos que se tragan los duros;

de esa modalidad del odio
que es buscar la verdad a toda costa;

de aquel que a cada cuerpo, para verse a sí mismo,
aplícale una capa de azogue, transformando
un cristal transparente en un espejo,
prefiriendo al relámpago del mundo
la chispa de su rostro, al laberinto de otra vida
la bien señalizada vereda de la propia,
al abismo fatal de la sabiduría
la planta baja del conocimiento;

y dícese también
del hecho de beber un vaso de ginebra
acodado en un barco que naufraga
y, mientras todos corren para ponerse a salvo,
uno pensar «¿Tendrá
Neptuno una bodega mínimamente digna?»

Jacinto se llevaría piedras en los bolsillos. Así, en el caso de que fuera cierta la leyenda según la cual las islas son astros dormidos que en cualquier momento pueden despertar y remontar el vuelo, le fuera imposible hacerlo a causa del vuelo suplementario que supondrían dichas piedras. Después de un tiempo, sin embargo, y cansado de que por acarrearlas no pudiera nadar entre los arrecifes de coral ni alcanzar los torpes albatros posados en la arena o trepar a por cocos y otras frutas, comenzaría a desconfiar de las viejas historias y un día se pondría a hacer saltar las piedras sobre el agua: las ranitas de su ingenuidad, el símbolo de su niñez dejada atrás. Pero entonces, coincidiendo con el instante en el que se hubiera desembarazado de la última, la isla temblaría derribándolo todo y se alzaría por los aires.

Adriana se llevaría un baúl de agujeros. Así, ella, a la que aterran los lugares compactos, los lugares herméticos como los que crean la vanidad o el odio, se pasaría el resto de su existencia colocando ojos de puente entre un tigre y un arbusto de flores carmesíes, vanos de ventana en el tronco de las secuoyas, pozos profundos en las manos de un hombre dibujado en la arena, cerraduras en el cielo, bocas de asombro en los acantilados durante las puestas de sol. También cubriría su cuerpo con uno de los agujeros de su baúl, el más infrecuente e inusado, quizás el de un cráter de luna, es posible que el de una mina de oro aún por explotar, para evitar ser aplastada por alguno de los abundantes pájaros ciegos que poblarían su isla.

Juan se llevaría la palabra *isla*. Así, ante las preguntas sibilinas que hacen el crepitar del fuego, el graznido del cormorán o el repiqueteo de la lluvia, y de cuya contestación dependen que se nos entreguen o que nos rechacen, podría decirles: «me llamo Juan y estoy en una isla». Con el tiempo, de los abrazos y de las chispas, del amor y del odio, entre la palabra *isla* y la palabra *juan* harían surgir las palabras *otro, armazón, desasosiego, velamen*... e infinitas más que, al irse despertando, clamarían por un lugar propio, empujándose unas a otras, robándose el escaso alimento disponible, conspirando en alianzas y enemistades efímeras para asesinar a las otras palabras, transformando, en fin, una silenciosa y apacible roca en medio del océano en un guirigay insoportable. Eso obligaría a Juan a pronunciar muy despacio la palabra *ballena*, algo que se habría abstenido de hacer hasta entonces para no contaminarla de sinsentido y desolación, de rabia y asfixia. La ballena empujaría con su hocico la isla hasta un abismo y entonces Juan tomaría una por una todas las palabras y las iría arrojando a él sin rencor pero sin misericordia. Después de deshacerse con lágrimas de la palabra *ballena*, le volverían a quedar únicamente las palabras *isla* y *juan*. Entonces, en un jubiloso gesto de desafío que no se pensaría demasiado, se desharía de esta última.

Miguel Ángel se llevaría el águila que, según el castigo impuesto por los dioses, se ensaña día tras día con las vísceras siempre renovadas de Prometeo. Cada mañana esta abandonaría la isla para cumplir su cometido y así contribuir al precioso orden del universo (y para llenarse el buche, todo hay que decirlo), pero regresaría al mediodía para hacerle compañía a Miguel Ángel. Una noche helada se desencadenaría una tormenta de la cual se escaparía un rayo. Este, alcanzando el tronco centenario de un haya, se convertiría en un fuego lento y confortable. El águila plegaría y desplegaría sus alas y emitiría chillidos nerviosos al descubrir el objeto por el cual había sido condenado Prometeo, y al comprobar, sorprendido, que entendía el lenguaje de las llamas, ese chisporroteo que sirve al fuego para expresarse, y que, por lo tanto, podía conversar con él. El águila y Miguel Ángel, convertido en su discípulo, se pasarían desde entonces muchas horas hablando con el fuego. Al cabo de un tiempo el águila tomaría una decisión: con la certeza de que nuestros deseos, ese fuego íntimo que busca el Fuego del origen, nacen y se sustentan sobre el sufrimiento de un inocente, y con la voluntad de no prestarse a ese cruel juego nunca más, a partir de entonces se negaría a seguir siendo el instrumento de tortura de Prometeo.

Puri se llevaría un camino de grava roja con bancos, fuentes decoradas y huellas siempre recientes de cascos de caballos. Lo desplegaría primero sobre un lugar de la isla y luego sobre otro y sobre otro hasta que acabara de conocerla por completo. De esta manera la isla le parecería familiar desde el primer momento, y acogedora gracias a los bancos y las fuentes decoradas, y también perpetuamente misteriosa por esas huellas de jinetes que nunca dejarían de precederla unos minutos y cuyo galopar retumbante a veces provocaría un revuelo de guacamayos. Quizás un día Puri se hartaría de transitar por la isla sin salirse del camino de grava roja y se aventuraría más allá de sus lindes. Es cierto que tendría que sentarse a descansar en la tierra infestada de insectos y que para beber tendría que ahuecar las manos y sorber el agua del riachuelo pardo, pero entonces es muy posible que encontrara a los jinetes recostados sobre un tronco a la espera de que sus caballos terminaran de abrevar. Su primer impulso sería dirigirse a ellos en verso y dejar caer con coquetería un pañuelo perfumado. En cambio, se acercaría sigilosa, saltaría ágil sobre uno de los caballos, espantaría a los otros y, después de caracolear varias veces con desafío, volvería grupas hacia el camino de grava roja. Desde entonces sería ella la que precedería unos minutos a los caballeros, los cuales, sobre un fondo de chillidos de guacamayos, seguirían desasosegados y felices las marcas de su montura hasta el fin de los tiempos.

Loli se llevaría una montaña de manos. Manos amantes y manos locas, manos de asesino y manos de relojero, manos que dicen adiós y manos que se aferran a la cornisa de un piso veinticinco, manos de recolector de algodón y manos de carterista. Después de clasificarlas y de curarles las magulladuras consecuencia del largo viaje, injertaría todas esas manos a lo largo y lo ancho de la isla: en los hibiscus, en los cantos rodados, en el viento del sur, a la entrada de las cuevas, en cada uno de los árboles... Gracias a sus cuidados, esas manos recobrarían poco a poco sus movimientos y su frescura. Con el tiempo recuperarían por completo sus facultades de antaño, de manera que los arrecifes saludarían a Loli como hacen los amigos cuando se van de viaje, el manantial de agua dulce la enjabonaría y le daría masajes, o el bosque de cedros le aplaudiría a rabiar cada vez que ensayara sus coreografías mágicas en un claro. Cuando Loli presintiera su muerte sabría que había llegado el momento de buscar otro cuerpo para sus propias manos. Le pediría a las manos delicadas y seguras de una enredadera que la sujetaran y a las manos afiladas del ocaso que le cortaran las suyas. Entonces emplearía sus últimas fuerzas en transplantarlas en el mar, que desde ese mismo instante ya no provocaría más naufragios que los dictados por la pasión o el juego.

Reme se llevaría una campana de bronce grande como la de una catedral. Se las ingeniaría con poleas hechas de bambú y con lianas para colgarla de un saliente rocoso y, cuando quisiera cambiar su ubicación, de troncos talados y podados. Poco a poco el lugar se iría poblando de un sonido profundo y melancólico. El golpeteo del badajo contra las paredes interiores de la campana impregnaría cada rincón de la isla de vibraciones, y cada playa o bosque o colina sería un diapasón perfecto a los que, con el tiempo, acudirían los dioses a afinar sus instrumentos: flautas, arpas, tambores, cuerdas vocales, violines, caracolas, caramillos, cascabeles... Estos, agradecidos, le otorgarían a la isla el estatuto de templo y a Reme, el de sacerdotisa. Además, y para que no tuviera que distraerse de sus funciones religiosas con actividades seculares, le construirían una casa de luz y le harían llegar todos los días una generosa ración de ambrosía. Muy pronto, sin embargo, Reme descubriría tres cosas: que el concierto divino era monótono (y sus músicos, unos engreídos insufribles); que la casa de luz le impedía dormir, y que la ambrosía era un manjar insípido y poco nutritivo para el cuerpo. Por consiguiente, no tardaría mucho en decidirse a descolgar la campana y a colocarla del revés sobre la arena. La isla, al perder sus vibraciones de diapasón celestial, sería abandonada por los dioses y perdería su condición sagrada. Reme, entonces, volvería a disfrutar de la música del mar y del bosque, se atracaría de frutas y coquinas y dormiría a pierna suelta en el interior acolchado con hojas secas de la campana.

Chantal se llevaría un detector de mentiras. Lo primero que haría con él sería usarlo con la propia isla desierta; con ello comprobaría si realmente era una isla y si realmente estaba desierta. En seguida, porque el viaje habría sido agotador, le haría pasar la prueba a las ganas de dormir, a la noche y las estrellas, al aire cálido, a la arena seca del claro del bosque; entonces, por fin, se acostaría e, incansable en su afán verificador, perseguiría sus sueños con el detector a cuestas. Cuando, después de transcurridos unos meses, estuviera segura de que no la mentían los habitantes animados e inanimados de la isla, buscaría otros a los que someter al detector. Así, tendrían que dejarse interrogar el ser y la nada, la furia irracional, la noción de infinito, las pruebas de la existencia de Dios y la misma verdad. Esta última, sin embargo, haría saltar en mil pedazos al detector de mentiras (al fin y al cabo uno de sus hijos), con lo cual Chantal se quedaría en la isla desierta sin certezas y tendría que aprender de belleza de la duda y la ignorancia, de la imprevisibilidad y la ilimitación, lo cual la haría más temblorosa pero más feliz.

### Pecera en un restaurante o mi generación poética

Amo los peces cómplices del arpa
irisada que duerme en las peceras.
Mis amigos también, pero prefieren,
ya muy decepcionados de la melancolía,
pedir la cena y colocar un taco en cada frase.

*Son ojos escapados de sus órbitas*
*o dedos peleados con la mano.*

Arriesgo otra metáfora (*nosotros*
*somos peces nadando en la pecera*
*que llamamos vivir*) por si consigo que me atiendan,
mas la ternera con bambú y el arroz tres delicias,
sofistas educados en la lectura
de Platón, argumentan más convincentemente.

Les digo, presocrático, *los peces*
*buscan a su mitad perdida*
*en donde todo está, que es en el agua.*

*Eso es Platón también, el mito del andrógino,*
me dicen mis amigos, que consiguen
con bromas y con cantos distraerme
de esta contemplación un largo rato.

Cuando vuelvo a mirar, los peces están muertos:
de inanición, sentencia el médico del grupo.

Intento consolarme recordando
que nunca sirven pan en estos restaurantes
(o, dicho de otro modo,
que estos son malos tiempos para la lírica).

Y entonces les pregunto: ¿con qué alimentaré ese otro pez
llamado corazón? Mis amigos responden: nunca lleves
tu corazón a un restaurante chino.

# Otros poemas I

# Nuevos amores imposibles

## LA PROFESORA

Me iba a enseñar idiomas y a flotar en el agua,
dos de sus muchas especialidades,
por un módico precio:
varias veces al mes tenía que pintarle
en su cuerpo desnudo un mapamundi.
«Chapoteo se dice paflasmós».
«¡La barbilla hacia arriba, no respires!»
Hundirme y mis errores de pronunciación eran,
al parecer, fruto de un mismo vicio:
las consonantes y las olas
rompían en mi vida como en un arrecife.
Me tragué varias veces el mar Mediterráneo
y un millón los poemas de Seferis y Elytis
sin por ello aprender
a ser una gaviota reposando en el agua
o un acento en el verso.
Los días que tocaba pagar yo dibujaba
países y accidentes geográficos,
cordilleras, provincias, carreteras y afluentes,
los polos, los desiertos, los océanos.
Ella era sensible
a mis dedos manchados de pintura
pero no a mí: jamás
me dejó acompañarla al viaje innumerable
que el mapa de su cuerpo prometía.
«Cartógrafo, no amante», sentenciaba
entre hondos gemidos,
«pues tampoco sabrías mantenerte
a flote entre mis brazos, ni entender los idiomas

que se hablan en mis piernas».
Una vez que exhalaba un aroma su piel
a té con yerbabuena
decidí que era tiempo de abonar los atrasos:
le coloqué Marruecos al norte de Mongolia,
borré los meridianos y me fui.

## Película de terror

En varias ocasiones coincidimos
alquilando películas de miedo.
Lo nuestro estaba claro:
los zombis, los vampiros, los fantasmas, los monstruos.
Apenas repasábamos
otra sección del videoclub,
y por eso acabamos conociéndonos.
Comentábamos títulos, efectos especiales,
la actuación de los protagonistas,
los mil rostros del mal y su estética lúgubre.
Primero paseando por la playa
y luego en un hotel alejado del centro
(su familia y la mía nos chupaban la sangre)
barajábamos todos
los modos de matar con una sierra,
inventábamos seres tan escalofriantes
que su sola mención nos obligaba
a abrazarnos muy fuerte y a empuñar candelabros.
Morder su yugular, o simular que estaba
bañándome en sus vísceras,
o arrancarle los ojos y escupirlos
con la imaginación sobre la alfombra,
o amarla entre tridentes y calderos de plástico,
esos eran los juegos inocentes
que aprendimos del cine.

Su marido una tarde nos siguió
hasta la habitación 312.
Higaditos de pollo y gelatina
pringaban nuestros cuerpos cuando se abrió la puerta.
Nos quedamos inmóviles, mas él,

dueño de sí, sereno,
se ajustó la corbata y abrió su maletín:
«yo me quedo los niños y la casa,
tú el coche y el dinero. Firma en este papel».
Para dejar que hablaran
a solas dirigí mis pasos hacia el baño.
Al cruzar por delante del espejo creyeron
que no me reflejaba (la tensión
nos hace ver visiones y se inventa demonios)
y huyeron de la mano dando gritos.

## La gorda

Como un niño a una rueda,
la llevaba rodando a todas partes.
Nunca le dije gorda. Le llamaba
mi pequeño planeta expulsado del cielo,
mi hamburguesita doble, mi ballena.
Yo no era su novio sino un extraterrestre
llegado del espacio para ponerla en órbita,
o una familia hambrienta la tarde de un domingo,
o el capitán Ahab. A veces explotábamos
de gozo, y mi bombona de azúcar me dejaba
malherido y feliz como un buzo mordido
por su propia escafandra. Una tarde al llegar
a una calle con fuerte pendiente la empujé
sin calcular las consecuencias
y se salió rodando de mi vida.

## La poetisa

Escribía poemas horrorosos
(sin ritmo, sin imágenes, deshilvanados, cursis)
avalados por flores naturales
y por un éxito enorme en bodas y bautizos.
Cuando alguien le gustaba le enviaba diez hojas
de amapolas y lunas, de sílfides y nubes.
A mí me conquistó llamándome dragón
(«dragón, ven a mi cueva», me decía)
aquella primavera que andaba cabizbajo.
Nunca supo que yo también escribo.
Se pasaba las tardes recitándome
poemas a sus primos que hacían la primera comunión,
a su amiga Carlota
«para que así olvidara el accidente
de haberse machacado un dedo en una puerta»,
a «los olivos tristes» y a «los ardientes pinos».
Me regaló las «Rimas» y un «Manual de normas
para galantear adaptado a los tiempos».

Lo que aprendí me sirve todavía:
a descansar del arduo proyecto de buscar
matices a las cosas, adjetivos distintos,
variedades semánticas no usadas,
sentimientos e ideas que pusiesen
el mundo del revés.

Jamás me permitió escalar sus dos pechos
cargando alguna de mis piedras
(profundidad, misterio, nada, filosofía):
con ella me olvidaba mi complejo de Sísifo.
Nunca he vuelto a dormir tan plácido y rotundo.

Un día me pidió con tacto que me fuera
(al parecer mis calcetines
despedían olores poco caballerescos)
y me largué arrastrando mis rocas a otra parte.

## El regalo

Le pregunté por una calle y dijo
«te acompaño, me coge de paso». ¿Dónde vas
exactamente?» Era
llano y respetuoso, y se puso contento
cuando le contesté que a una librería.
Una estatua de bronce mordida por el guano,
la catedral, un parque: me iba enseñando todo
con palabras precisas y delicados gestos.
Su impermeable verde me gustaba,
y su sonrisa levemente seria
(la sonrisa de un hombre que no quiere invadirte),
y el broche de un arquero
al que una flecha tensa sobre el arco.
Cuando llegamos me pidió permiso
para curiosear juntos por los estantes.
Conocía muy bien la nueva poesía
así que, por si acaso,
le oculté mi apellido verdadero.

Una vez escogidos los libros que quería,
me los quitó con suavidad diciendo:
«Yo los pago. Ahora te lo explico».

Tomando una cerveza me expuso sus razones:
«He pasado un buen rato junto a ti.
Cuando leas los libros de algún modo estaré
devolviéndote un poco de la felicidad,
de la luz que le has dado a mis sentidos
esta mañana. Tú,
al gozar su lectura, es posible que veas
llover entre las líneas y te acuerdes de mí.

Este placer sí puedes compartirlo,
otro ya sé que no».
Le acaricié el cabello y, con un «gracias»,
me fui con el paquete bajo el brazo
(un arquero lanzado por su flecha,
¿hacia dónde?)
    Ahora
siento haberle mentido,
pues quisiera enviarle este poema
a aquella librería de una ciudad del sur
(que él reconociera mi nombre encabezándolo,
y lo comprara, y lo leyera a solas en su casa)
y decirle que sí, que fue precioso
compartir la lectura de los libros.

## La mesa de billar

Parecía tan fácil.
               Sin embargo,
después de estar la noche completa rebotando
por todos los costados del tapete,
ninguna de las bolas entraba en las troneras.
Las cambiaba de sitio, estoy seguro,
pero sin pruebas
               cómo demostrarlo.

Varias horas más tarde de este juego maldito
se vestía despacio sin perder la sonrisa
(cubriendo uno por uno sus huecos)
                           mientras yo,
con pinturas de tiza y con calambres
como un triste guerrero derrotado,
repasaba perplejo las tacadas.

«Qué escasa puntería es ser un hombre»,
me dije alguna vez
antes de que, infalible y elegante, introdujera
su cuerpo de mujer en un pasillo
(donde muchas mujeres la aguardaban)
y se marchara haciendo carambolas.

## La grúa

Durante varios años la he visto trabajar
desde el balcón de nuestro apartamento.
Cargaba y descargaba los barcos como un ave
que construyera un nido, y luego descansaba
entre el cielo y el mar y la tierra y el aire.

Me ha consolado más que los amigos
cuando estaba deshecho: su estructura metálica
se movía invisible y me libraba
del peso de las penas que atracaban en mí.
Desde entonces la llevo como una consejera:
es ella quien corrige lo que escribo,
quien le añade o le quita toneladas
a mis versos, quien pone mis caricias a salvo
desde alguna cubierta que tuviese
mil naufragios inscritos
hasta su suelo firme.

Es mi amor imposible más constante.

## El tren

Su corazón: un tren en marcha al que
me arrojé desde un puente.
Anduve por el techo mucho tiempo
sin encontrar el modo de abordar un vagón.
Desde arriba escuchaba sus risas y la música,
y algunos tiros de revólver. Varios
cambios de ritmo a punto
estuvieron de hacerme
caer, pero el deseo de robar sus tesoros
(que transportaba a un país lejano
o aún por inventar) me daba fuerzas.
«En alguna estación se detendrá.»
«Un puesto fronterizo le obligará a pararse.»
Así me daba ánimos.
     Al fin
me descuidé en un túnel y perdí la cabeza.

## La falsificadora

Adiestrado quizás por monjes tibetanos,
el pulso era la estrella de su cuerpo:
plumas, pinceles, lápices
bailaban o dormían en sus yemas
con la presión exacta.
Reproducía cartas, billetes, pasaportes,
contratos, sellos, todo. Llamaba «tercer ojo»
a su lupa y con ella
recorría las cosas de este mundo
(el gancho de una firma, una mirada, un grito,
la manera de andar de un grupo de borrachos...)
para asentir más tarde dichosa y suficiente:
«eso es fácil, cualquiera hace una copia».
Las formas no podían resistírsele,
se enamoraban de ella, le abrían sus secretos.

La contraté con falsos pretextos excitantes:
que calcara mi raudo corazón,
que me proporcionara caminos de repuesto
y un puñado de huellas para cuando
quisiera despistar a mis perseguidores,
que hiciera varias veces mi futuro
para engañar con él a bancos y mujeres
(que solo dan un crédito
si todo está muy claro a varios años vista),
que tirara mil fajos de sus ojos
mirándose en los míos.

Le gustaban mis retos: los cumplió
con limpia y despiadada profesionalidad.

Luego intimamos algo, pero solo una vez
hicimos el amor
con el original de nuestros cuerpos:
falsificó mis besos, mis impulsos, mis pausas,
mis poemas, mi voz, mis ingeniosidades,
mis días más propicios y mi piel.
«Con esto bastará», me dijo sonriente
cerrándome una puerta en las narices
no sé si verdadera.

## Tess. Un amor imposible

I

(Me arrollaba despacio como un puente.
Me robaba la boca como un vaso.
Promulgaba las leyes del ocaso
que marcan a la rosa y a la lente.
Alérgica a la Nada, infiel al Ente,
ametafísica y porosa, daba
más manos a las manos y quitaba
sentido a los sentidos. ¡Qué perfecta
–diez millones de curvas, ni una recta–
si me hubiera mirado!)
                            Esto estaba

pensando en un café mientras seguía
la elipse que trazaba entre las mesas,
dejándolas heridas pero ilesas,
la camarera o luna que aquel día
pusiera el mundo todo en contra mía.
Desdichado y extenso como el traje
de levita de un drácula o un paje,
me taché de cobarde una vez más
y decidí matarme con el gas.
Me levanté resuelto al embalaje,

a empaquetar mi cuerpo y a enviarlo,
urgente y sin acuse de recibo,
a ese almacén que guarda lo no vivo,
al silo de las almas. Al doblarlo
para coger un libro, al escorarlo
a babor varios grados perdí el rumbo,

porque la vi tan náufraga, y di un tumbo
que un anciano paró contra su espalda.
Luego, al pisar su dentadura gualda,
deseé no ser ferry sino jumbo.

Aquel matusalén daba unos gritos
que allá en el Amazonas se escucharan,
que en el Yang-tsé a los peces despertaran,
que al Nilo detuviera. Tantos mitos
de súbitas catástrofes o ritos
para aplacar a dioses recordé
que a punto estuve de aspersarle un té
a modo de conjuro en la pechera.
Aguardaba paciente a que se fuera
para irme a rematar como quedé,

cuando la vi riéndose a mi lado,
convulsa como el Crack Original
que sumó el Universo a ese Total
llamado Creación. Pedí un helado,
cuando amainó el Suceso, porque, dado
el sendero recién abierto, no
quería ya fugarme de mi yo
sin antes intentar hollarlo un poco.
Me animé a requerirla y casi toco
las llamas de ese fuego que quemó

a Sodoma y Gomorra, a Babilonia,
a Hiroshima y Nagasaki: Tess
me-sonrió-sin Antes-ni-Después.
Sería nada hablar de catatonia,
menos aún de *adagio* o *malinconia*.
Antes de las tortugas y las cobras,

después de la abundancia y de las sobras,
antes de las pirámides y el orto,
después de lo alargado y de lo corto.
Así me sonrió. Varias zozobras

más tarde me atreví a replicarla:
ridículo, arrugué mis comisuras
y le mostré, eso quise, las fisuras,
las grietas que me abriera el contemplarla,
y, al pedirle la cuenta, que era amarla
por siempre pretendí que tradujese.
Mi vida le lanzó un s. o. s.
más bien de cartónpiedra pero intenso,
más bien de plastilina pero inmenso.
No le dejé propina porque viese

en el plato vacío mi vacío
y aprendiera a habitarme desde cero.
No barco ya sino besugo o mero,
y aterido de tiempo, el verbo frío,
boqueé como un pez que deja el río,
un pez enamorado de su anzuelo,
y le pedí apoplético el consuelo
de un cruce de caminos, de una cita.
«En diez minutos salgo, espera en Pitta.»
Un poco más y me incorporo al suelo.

III

ÉPICA EN EL BAR

Tomamos aceitunas, humus, kebabs, falafeles,
feta, tomates, vino. Después de cientos de meses,

de milenios y eones y existencias, de repente
me sentí rodeado de murallas como un fuerte,
a solas con la reina, llevando una vida muelle,
explorando en lo lúbrico mientras suenan los rabeles.
Mas como no hay señor que mil guerras no se pruebe,
convoqué una cruzada y a ella alisté sus pendientes,
sus mejillas, su pelo, los pliegues sabios del vientre,
sus pechos, su nariz, su coletero, sus dientes,
sus caderas, las rayas de su vestido celeste,
su carmín, sus anillos. Luego azucé a los lebreles
y arengué a estos ejércitos con voz tonante mas tenue.
Nuestro santo objetivo: una manchita de aceite
secuestrada en su hoyuelo por las fuerzas del Banquete.
Repensé bien la táctica, di las órdenes y alceme,
en delicado escorzo muy digno de unos pinceles,
a rescatar lo limpio de lo sucio y lo demente.
Ella el ceño frunció pero yo seguí en mis trece.
Compensaba esa hazaña perder la vida mil veces.
Superada la prueba, nos reímos, nos reímos,
ella de mí, yo de mí, nuestro primer desvarío,
primera coincidencia (aunque fuera despotismo
que de acuerdo los dos en contra de mí ejercimos)
de muchas otras más que al tiempo diré si vivo.
Me contó su leyenda mientras bebíamos tinto
y a mí me conmovió su callado surrealismo.
Poco a poco las luces se apagaron de mi circo
(hasta entonces poeta menos que payaso he sido)
y preparé mis poros para su nuevo destino.
Desde atrás la escuchaba, desde delante y en vilo,
pendiente como alud, feraz como cataclismo,
absorto como ciénaga, en paz como los guarismos,
desde un buitre y un cuervo, desde un ruiseñor y un mirlo,
desde el ser y la nada, desde lo otro y lo mismo.

La escuchaba desnudo y la escuché no vestido.
La escuché en línea recta, en espiral, dando giros.
Desde el verbo escuchar se precipitó mi ombligo.
Funámbulo, antropólogo, almirante del vacío,
la escuché desde un nunca que me dejó malherido.

**IV**

Caminamos del brazo hasta su casa.
Nos dejamos llevar por nuestros brazos,
agujas de un reloj que nunca atrasa.

Un garabato, un signo, muchos trazos,
dibujo inacabado al carboncillo
desenrollado y libre de sus lazos

que la brisa expusiera en un bordillo.
En mi interior bajaban las preguntas
sus metálicas puertas, y el corrillo

de voraces respuestas cejijuntas
se dispersaba a regañadientes.
............
Tan lentos que ya nadie nos seguía:
ni el viejo detective de los ecos,
..................
ni el tren ni los vagones ni la vía,
ni el barco de vapor ni el humo blanco,
ni la noche buscándose en el día,

ni la farmacia abierta ni el estanco.
Andábamos tan lentos, lentos, lentos
que estamos abrazados en un banco.

V

Ella tenía un perro no tranquilo, no tierno,
no diminuto, no con las muelas cariadas.
Ella tenía un perro y luces apagadas
y ambos procedían del no gélido averno.

Se llamaba «Anarquía» y estaba sin gobierno,
y escribió sus no leyes con firmes dentelladas
en mis dos pantorrillas, esas inesperadas.
Ella tenía un perro y un olvido moderno

y un botiquín borracho que no sirvió de mucho.
La sentí tan culpable que me inventé esta broma:
«Nos achuchamos tanto que nos nació este chucho».

Ella tenía un perro y yo tuve un espasmo
cuando quiso el alcohol añadirle una coma
al panfletario aquel que nos robó un orgasmo.

VIII

**AMOR CLÁSICO**

Ella empezó a desvestirme
para vestirse de mí
y en eso yo la seguí.

Los astros de los botones
surcaban nuestras camisas
en desbandada y con prisas,
diez lunas que a borbotones

daban sus últimos sones.
Me desabrochaba un sí
y en eso yo la seguí.

Mordían las cremalleras
y el cinturón, esos perros
surgidos de nuestros yerros
que patrullan las fronteras.
Mas sus acciones certeras
los despistaban y así
en esto yo la seguí.

Como miguitas de pan
o de pólvora, las ropas
nos seguían como tropas
que temblasen como un flan.
Y pues ella pensó el plan
de desertarlas de mí,
en esto yo la seguí.

Fuera relojes, cadenas,
las gafas y los anillos.
Fuera los mares, los grillos,
la coherencia y las penas.
Mezclamos nuestras arenas:
ella se desterró en mí
y en eso yo la seguí.

## Un apunte sobre dios

Me he dado cuenta que eres ciego cuando,
al inclinarme sobre el agua,
la he sorprendido
mirándome muy triste,
como después de haberte arrancado los ojos.

A la orilla del Ganges, en uno de los *ghats* de Varanasi,
mientras tomamos *chai* y la tarde comienza a deshacerse,
sé que tu cuerpo es uno con el mío,
ahora que el crepúsculo se duerme para siempre en nuestra piel,
más que en las largas noches de abrazos y caricias.
La memoria de un cuerpo no la forma otro cuerpo,
sino el sol que se pone, o los perros que saltan,
o la leve tristeza que deja este sonido de caracolas y campanas
de los templos cercanos.
Y este sol que se pone, y estos peces que saltan, y esta leve tristeza

son nuestros cuerpos que se buscan más allá de sí mismos.

La niñita desnuda arrastra un gato
de trapo por el polvo. Se detiene
a que beba en un charco porque tiene
ella misma la sed desde hace un rato

y quiere regalársela a su gato.
Él no la necesita mas se aviene
a empapar sus costuras. Nadie viene
a ver cómo rubrican este trato

—ella tiene deseos, él los mata—
a la orilla del agua. Luego siguen
hasta que sale al paso una gran rata.

Aunque el gato está hambriento se la cede
a la niña de trapo. La persiguen
y ella finge comerla.
                    (El que puede


renuncia, ese es el trato, ante el que no:
se hacen fuertes haciéndose más débiles,
se afirman al negarse, se conocen
mirando en el espejo de la Nada).

Una niña y un gato no saciados
se arrastran mutuamente por el lodo.
Son felices sin serlo: son de trapo.
No son felices siéndolo: son carne.

No saben por qué avanzan pero avanzan.
No saben por qué viven pero están
más vivos que los vivos que lo saben.

De livianos que son, no dejan huellas.
Nadie puede seguir a estos huidos
si antes no se transforma en una niña

 enredada en un gato.

La araña se descuelga hasta la araña
y empieza a devorarla lentamente.
Ocho patas, un tronco, una cabeza.
Cuando el festín termina queda un cero,
un vacío de araña, una no araña
presidiendo las telas de colores.
Es la araña del No, la más temida,
la que está suspendida entre los mundos
y los hace visibles.

**De la tristeza**

Es útil la tristeza para la puntería,
así que no la olvides cuando vayas
a jugar a los dardos o al amor.
El triste hace el disparo como ausente:
no es él quien lanza el dardo o lanza el beso
pues no sabe de labios ni distancias.
Algo en él le dirige que no es él,
una extraña energía
que siempre da en el centro, que es el centro.

Esa fuerza es el cuerpo del triste, que se arroja
fuera de sí: una flecha
que de pronto se entera
que ha vivido exiliada
y al servicio de reyes poderosos
(la Nada y el Deseo)
y vuela de regreso a su carcaj.

Si quieres acertar en lo que eres
vete lejos de ti, a tu tristeza.

## Mujer doblando una esquina

Va caminando a buen
ritmo. Pienso en nosotros vagamente:
no más que un tren eléctrico en sus vías,
que un maniquí en su traje de tirantes
azules. Casi
la arrolla un niño con un monopatín.
Le evita con un leve giro que me envía
destellos de sus gafas de sol, que me hacen cómplices
de un plan de fuga que me excita
el tiempo de un semáforo.

Fueran de mí sus pasos tienen ritmo,
van dibujando un mapa fácil de consultar
cuando el café se acaba o las bombillas o el azúcar.

Pero dentro de mí sus pasos son
rascacielos crecidos
para inmovilizarme:
el peso del espacio,
no el fluir del tiempo.

La luz verde la pone en marcha nuevamente.
Cuando doble la esquina la perderé de vista,
cerraré la ventana y volveré a mis cosas.
Quizás piense en nosotros con algo más de fuerza:
como un dedo en las vías
y un descarrilamiento que no produzca víctimas,
apenas un retraso en el trabajo.

Dobla la esquina. Ya
no existe y yo tampoco.

## Plegaria de caza esquimal

Arpón, hijo del oso blanco,
arpón que aún recuerdas el tiempo del deshielo
y el sabor de la trucha,
no te duermas, arpón, en el aire,
arpón, hueso de un oso blanco
y hermano de mis botas y de la grasa
que protege mi piel de la ventisca y la nieve,
arpón, no te duermas en el aire
ni te distraigas
por el crujir del iceberg
o los destellos de la aurora boreal,

arpón, sal de mi mano
y tráeme una foca
para poder efectuar el Gran Reparto:
para los perros del trineo, los tendones y el tuétano;
para mí y mi compañera de iglú, sus vísceras y la carne;
para ti, arpón, hijo del oso blanco, el corazón caliente donde
                                          [habita la Fuerza;
y el espíritu y la sangre y el humo del asado, para el Cazador que lanza
                                          [sus arpones de luz desde Arriba,

arpón, hijo del oso, hijo del Cazador,
valiente arpón que no se duerme en el aire,
tráeme una foca aunque ya sea viejo.

**La ciénaga y la vaca**

Muge de sed la vaca en pleno agosto.

La van cercando el sol, las tierras cuarteadas,
los mil depredadores del vacío.

El polvo que levantan sus pezuñas la ahoga.

Posándose en su lomo, una urraca la chilla.

Los ojos se le salen de las órbitas
al husmear el barro de la ciénaga.

Con sus últimas fuerzas se apresura,
planta sus cuatro patas en el lodo
y lo empieza a lamer.

                    En ese instante
se despierta la ciénaga y, sedienta,
empieza a succionar a la res hacia el fondo.

Mientras la vaca se hunde la ciénaga se eleva.

No hay muerte en ese trato de la sed con la sed,
del polvo con el polvo:

la vaca se hará ciénaga y la ciénaga
pronto tendrá terneros pastando en la dehesa.

## Lince ahogado en un pozo

Qué fuiste a buscar, lince, en el fondo del pozo.
Qué viste reflejada en el agua del pozo.

Quizá pasó una nube con forma de conejo
y saltaste detrás, cayendo hacia lo alto.

Quizás fue que de pronto te acordaste del nido,
del viejo alcornocal donde naciste,
confundiendo su hueco con el hueco del pozo
y confundiendo el hueco del pozo con tu madre.
Entonces al viajar por el pozo estarías
acudiendo a una cita con tu madre,
túneltroncoparedvaginanoche,
oh, lince, artista del vacío, lince
que fingirías estar muerto, pudriéndote en el pozo,
para nacer de nuevo más fiero y más sereno,
un lince transparente devorador de luz.

Quizás, frustrado de acechar el mar,
esa manada alerta de animales brillantes,
creíste descubrir en el agua del pozo
un individuo enfermo y rezagado
y atacaste buscando ansioso su garganta.

O quizás es que fuiste expulsado ese día
y obligado a buscar tu territorio
y al llegar al brocal del pozo decidiste
que nunca encontrarías territorio mayor
que el de la muerte.

Qué fuiste a buscar, lince, en el fondo del pozo.
Qué fuiste a buscar, pozo, en el fondo del lince.
Quién ahogó a quién.

## Eucalipto

Mi sombra me estrangula al pie de un eucalipto.
«No hay sitio suficiente para ambos»,
susurra criminal mientras aprieta
un poco más las manchas de sus dedos.

El infierno y el cielo nos miran divertidos
desde el tronco, la copa y las raíces.

Mi sombra es un gigante que aplasta mi garganta.
Quiere echarme del árbol, del único en kilómetros
bajo el cual ampararse del calor,
protegerse del rayo, preguntar por el rumbo.

Mi sombra y yo luchamos por un hueco en el tiempo.

A medida que el sol sube más se decanta
la lid del lado mío: mi sombra es un enano
que murmura las fórmulas de ensalmos venenosos.

Al fin la inmovilizo contra el suelo
con mi camisa sucia.
                              Después de descansar,
y antes de que prosiga el sol su marcha,
tomo a mi sombra en brazos y la cuelgo del árbol.
Allí balanceándose estará
como un mal monigote de periódico.

Cuando un hombre a lo lejos consulte al eucalipto
la dirección correcta, mi sombra y yo daremos
respuestas diferentes mas las dos acertadas.

## El suicidio del flamenco

Un flamenco aletea en medio del poema
o en un cuaderno de bocetos. Sabe
quién le ha puesto y por qué, y sabe el simbolismo
que tiene entre esas nubes que anuncian la tormenta
y esa vereda al fondo de la cual
una figura humana adivínase triste.
Aletea de vuelta a la bandada.
Repara en el esquife que aparece de pronto
en la parte derecha del papel:
«va a la deriva», piensa, y siente escalofríos
que hacen vibrar sus plumas carmesíes.
Tiene necesidad de comerse un crustáceo
y aletea más fuerte de vuelta a la laguna.
No sale, sin embargo, del medio del poema
o del cuaderno de bocetos: sabe
que quien le ha puesto quiere utilizarle
para decirnos algo, y empieza a no gustarle.
Aletea, aletea, quiere rasgar la página,
se siente perseguido por un significado
(un águila imperial planeando en el cielo)
que, aunque no esté presente en el poema
o en el boceto, viene por él para matarle.
Él se hubiera prestado con gusto al simbolismo
de las nubes, el hombre y el esquife,
a ser parte de un mundo de inclemente belleza,
un mundo que conspire a favor del misterio,
lento como una duna y veloz como
la idea de una duna,
y triste pero nunca malsano o destructivo.
Pero alguien pretende alimentarse
de su carne y sus ojos y su pico

para decirnos algo. Algo sobre un flamenco
cazado por un águila. Algo sobre un poeta
en las garras de la interpretación,
en el buche del tiempo, mutilado
atrozmente por ellos, los que no dicen nada
mas custodian con celo las palabras del mundo.
El flamenco, de pronto, deja de aletear,
cierra sus alas, cae a plomo sobre el suelo.
Su suicidio le aleja de lo que estaba más
allá: lo que no estaba. Ya solo un amasijo
abrazado a la tierra, desde fuera o arriba,
¿qué sentido tendrá que alguien venga a buscarle?

# Sueños circulares

## *Uno*

Soy un niño que se cree una moneda de cinco centavos. Me veo plano y redondo. No camino sino que ruedo. En vez de hablar tintineo sobre la mesa donde come toda mi familia. El mundo es el enorme bolsillo de una chaqueta deshilachada. Al final, sabiendo que el destino de toda moneda de cinco centavos (¿de todo niño de cinco años?) es, tarde o temprano, acabar siendo introducida en la ranura de un teléfono, de un expendedor de periódicos o de la consigna de la estación de autobuses, me tumbo junto a la máquina de discos de un bar para que alguien me recoja y, con un leve empujón del dedo índice, me ponga dentro de ella. Anticipo gozoso mi viaje por los conductos metálicos, mi reunión triunfante con el montón de monedas echadas con anterioridad, la música de la canción escogida como un himno en mi honor, el artífice de que esté sonando. De pronto una mujer gordísima, compadecida, se agacha y deja caer varias monedas relucientes de cinco centavos a mis pies. ¡Qué horror!, pienso desolado: ahora seremos cuatro monedas de cinco centavos compitiendo por una sola ranura, y eso si tenemos suerte de que alguno de los escasos clientes de este local se percate de nuestra presencia y, ya recogidas, le apetezca poner un disco. Me siento cada vez más triste. Lloro hasta despertarme.

## Dos

Contemplo con un enorme telescopio la noche. Mi especialidad son los agujeros negros. De vez en cuando dejo de mirar por él y hago cálculos con el ordenador. La gata que me acompaña mientras trabajo se frota contra mis piernas. Cambio unos grados el enfoque y me asomo de nuevo por el visor. Pequeños asteroides y un par de estrellas bien conocidas cruzan ante mí. Entonces lo veo. ¡Ahí está! Las fórmulas no me han engañado; esta vez las coordenadas eran correctas. Telefoneo a Lewihson, el experto en antimateria, para que acuda a confirmar mi descubrimiento. Mientras llega intento hallar la masa de su núcleo, pero la excitación me desconcentra hasta que lo dejo. Cuando vuelvo a mirar por el telescopio pasa algo extraño que me sobresalta. Del agujero negro, como saliendo del fondo de una caja oscura (o de una gran tarta de cumpleaños, pienso estúpidamente), se asoma una mujer: primero el cabello, luego los ojos y la boca, más tarde el resto del cuerpo. Está desnuda pero no lo parece, ya que su piel brilla como polvo de estrellas. La mujer me mira. Avanza dando zancadas galácticas hasta quedar al otro lado del telescopio. Pega su nariz al cristal y saca la lengua. No sé cómo, pero lo siguiente que recuerdo es que me he convertido en un aro de hula-hup y que doy vueltas y más vueltas impulsado por las caderas de esta mujer.

*Tres*

Alguien me ha atado en medio del camino con la intención de matarme. Estoy amordazado y es de noche. No puedo moverme. Lo intento con todas mis fuerzas pero es imposible. Escucho a lo lejos un traqueteo que se va aproximando. Debe de ser uno de los carros llenos de troncos de árboles de la compañía maderera. Cada vez retumba más cerca. El polvo que levanta a pocos metros de mí apenas me deja respirar. «Qué raro», pasa por mi cabeza como una súbita iluminación, «¿dónde están los caballos y el conductor?» Cuando el carro pasa por encima de mí no me aplasta. Ahora, en cambio, soy un radio de una de sus ruedas y delante de nosotros, maniatado en una encrucijada, está mi enemigo.

## *Cuatro*

Soy los círculos concéntricos que una piedra ha producido al ser tirada sobre el estanque. Esa piedra que se hunde sin esperarme es uno de mis ojos. Asiéndome a los juncos de la orilla para no resbalarme, salgo del agua con la intención de encontrar el ojo que me queda. Me veo (varios círculos concéntricos chorreando) caminar torpemente por el bosque. Después de varias horas de tanteo infructuoso me coloco para descansar sobre un tronco cortado. Los surcos también concéntricos de este, los que marcan, al parecer, su edad, encajan al milímetro con los míos. Es extraño, pero descubro con gran felicidad que aquel ojo hundiéndose en el estanque era el único que tenía. Y decido abandonar mi búsqueda para siempre.

## Cinco

Soy la persona más fea del mundo. Así ha quedado acreditado en un concurso en el que me han obligado a participar. Quiero esconderme mientras todos chillan y se ríen. Me dan como trofeo una estatuilla: una figura llena de protuberancias y escamas. La hilaridad de mis compañeros de trabajo es especialmente paroxística. Por fin dejan que me marche al hotel. Me encierro a solas en la habitación y me miro al espejo: «eres el hombre más feo del mundo», me escupo a la cara. Repito esta frase hasta la extenuación: «eres el hombre más feo del mundo, eres el hombre más feo del mundo». Entonces desde la rejilla de ventilación del cuarto de baño se escucha una voz: «Bah, eres como todos: unos cuantos millones de átomos caprichosamente repartidos». A continuación asisto estupefacto al espectáculo de la fuga de mis átomos: los de mis manos, los de mi torso, los de mi piernas, los de mi cabeza... Millones y millones de átomos que distingo uno por uno (un núcleo alrededor del cual danzan electrones, neutrones y protones) se van disponiendo en formaciones regulares junto a mí. Cuando ya están todos fuera vuelven a ponerse en movimiento. Después de un instante que no pasa nunca mis átomos se reordenan para darme el aspecto que ahora tengo: una esfera perfecta que tendría opciones frente al mismo Dios en un concurso de belleza.

## *Seis*

Es un trasatlántico de lujo. A popa del mismo, y un poco más allá de las mesas de ping-pong y de la piscina, se tira al plato. El ruido de los motores y el chillar de las gaviotas que escoltan al barco casi no dejan oír la orden de ¡plato! Con polo y pantalones blancos y una gafas de sol colgándome del cuello me dispongo a aprovechar mi turno para disparar. Es un día espléndido. Bromeo con el empleado de la máquina lanzaplatos antes de pedirle que la accione. Con la culata bien apoyada contra mi hombro giro la cintura siguiendo la trayectoria del plato. Poco después de apretar el gatillo estoy muerto: lo que volaba por el aire era mi corazón.

## Siete

Mientras el domador hace restallar con su mano derecha el látigo con la izquierda sostiene, a la altura del rostro, un aro de fuego. El león le mira con indiferencia desde la plataforma metálica. El público murmura decepcionado. Ahora el domador hiere las ancas del animal, que le muestra, más juguetón que enfadado, las garras y los dientes. Un espectador arroja un bote de bebida contra los barrotes. El domador pega un grito y el león, intimidado por esa muestra inusual de furia, salta hacia las llamas. Para entusiasmo de todos, sorprendidos por ese número de magia no anunciado en el programa, el león ya no está. No queda ni rastro suyo dentro de la jaula. Los aplausos atronan el recinto. Pero el domador apenas los escucha, está ausente: nunca le había ocurrido esto. Entonces coloca el aro de fuego que todavía sostenía en la mano en el suelo y entra en él. El domador aparece en medio de una sabana en las fauces del león. Los chacales ladran cada vez más cerca.

## *Ocho*

Vendo anillos y pulseras en un mercado callejero. A menudo tengo días malos en los que nadie compra y solo unos cuantos se paran a mirar la mercancía. Hoy parece que va a ser uno de estos días. Una hora antes de recoger, una niña con muchas pecas se apoya de puntillas sobre el puesto y me pregunta los precios. Cuando los sabe me sonríe y anuncia: «lo quiero todo». Antes de que pueda replicarle con alguna gracia me tira un puñado de billetes y empieza a llenar una mochila con forma de conejo. «Es para una fiesta de cumpleaños», comenta a modo de despedida. Un impulso me obliga a seguirla procurando que no se dé cuenta. Al llegar a un callejón se agazapa detrás de unos cubos de basura y vuelca en el suelo el contenido de su bolsa. Entonces se desnuda y se arranca una máscara. Lo que queda es un hermosísimo brazo del tamaño de una niña que se prueba uno a uno los anillos y las pulseras. Cuando se cansa del juego se vuelve a vestir, se coloca la máscara, se cuelga la mochila y sale cantando del callejón.

*Nueve*

El jugador lleva toda la noche haciendo aros con el humo de su puro. Esto y el hecho de que voy perdiendo me tiene muy irritable. Él gana justo lo que pierdo, esa podría ser la crónica de la partida. Es como si los demás jugaran entre sí y nosotros entre nosotros. Todos los salones del oeste se parecen, especialmente si pertenecen a pueblos pequeños. Y en todos se gana la vida con las cartas algún tramposo. Ya he acabado con varios. Siempre disparo sobre seguro, eso sí. Matar a un honrado vaquero por equivocación es arriesgarse a ser linchado por sus amigos. Ahora le toca repartir a él. Acaricio instintivamente la funda de mi colt. Pero me ha servido un repóker de reinas. Parece que mi suerte comienza a cambiar. No me fijo en lo que hacen los otros. Él se descarta de una, así que pienso que busca una escalera o un full. Es el único de la mesa que acepta mi envite, un dólar de plata, y lo sube. A medida que es mayor la cantidad que nos apostamos va aumentando el silencio. Por último pongo mi resto y él, sin dejar de hacer círculos con su cigarro, cuenta despacio sus monedas y me ve. Descubro mis naipes sin mirarlos, desafiante. Pero cuando una de las chicas que sirven whisky masculla «vaya farol» sé que algo va mal. Bajo la vista y, en vez del repóker de reinas, lo que tengo es una pareja de sietes. El jugador lanza sobre el tapete su doble pareja de ochos y dieces y abre los brazos para barrer el dinero. En ese momento, mareado por mi descubrimiento, le meto una bala entre los ojos. El humo que no ha dejado de echarme en el rostro toda la noche contiene una sustancia alucinógena a la que él estaría inmunizado. Mientras empujo la puerta batiente para salir me doy cuenta que, al igual que los anillos que él hacía con el humo, un disparo en la frente también deja una marca redonda. Y sonrío.

**Romance de Mateo el Jeta.
Poema-cómic o contra la poesía**

(Mateo el Jeta va
caminando despacio por la calle
al ritmo de una silva
que cualquier escritor del Siglo de Oro
hubiera rubricado
once pasos y luego siete pasos
un paso tiene fuerza
una palabra no

lo que quieras decir dilo con pasos
que lleven a algún sitio

lo que quieras callar dilo con pasos
que también desemboquen
en cualquier callejón en donde brillen
una hebilla un cuchillo
un cubo de basura
los ojos de una rata
bebiéndose la sangre que se escurre

Mateo el Jeta  va
pensando en estas cosas sin pensarlas
son sus huellas quizás quienes las piensan
cuando una luz estalla
en medio de la noche)

Mateo el Jeta
camina por la calle
haciendo malabarismos con sus cuchillos
va que rabia buscando

al que le ha borrado
su moto a escupitajos verdes

el que lo haya hecho
se ha enviado sin querer
una invitación a un funeral
que desde luego
no es el de Wilma Picapiedra

le para un cura
recién llegado al barrio
y que va de colega
después de haber leído
un manual de supervivencia
en el Polo Norte

hey tío güay
cómo mola lo que haces con los cuchillos
seguro que trabajas en un circo
vamos a romper el hielo
venga me pongo en cruz
arroja los cuchillos
al sobaco
a dos centímetros de las orejas

la vida es un iceberg
debajo de un macarra como tú
hay siete partes
de madre Teresa de Calcuta

pero Mateo el Jeta
pasa de largo
luego se para vuelve

le extiende la palma de la mano
y susurra
escupa

hey tío güay
eso es
escupir
hablemos de teología
a dios también le escupieron

¿en su moto?
¿tenía dios una moto
saco de mierda
y una novia en la grupa
gritando
cuando hace el caballito?
¿no?
pues escupa de una puta vez
enséñeme el color de su saliva

se ha quedado pálido el cura
pálido como la cabeza de un oso blanco
colgada en la pared
y arroja una pasta sepia
la de alguien
que lleva muchos días
comiendo arenques ahumados
y carne cruda de pingüino

Mateo el Jeta sigue
su búsqueda
rompe de una pedrada
un luminoso de coca-cola

lo cual acaba de volver loca
a la que vende botas de agua en la esquina

Mateo el Jeta que tiene
una polla de nácar
como las cachas de su pistola
y que podría ser
el sheriff de todas las chicas del condado

alguien le pasa un soplo
es un chino con coleta
que come palomitas y hot dogs
y que da conferencias de billar
vive en un sexto piso y su mujer
es un murciélago de Marte
que se alimenta de minutos
de un lengüetazo bluuup
te chupa varios años

Mateo el Jeta sube
por la escalera de incendios
rompe con la culata la ventana
y antes de dalse cuenta
en un tlis tlas
le bale la naliz de un manotazo
lo estampa contla el almalio de tles lunas
le extiende la palma de una mano
y susulando
le dice
escupe
escupe mientlas puedas pelgamino

pelo echa un esputo lojo
que en nada se parece
al que Mateo el Jeta va buscando

su furia va creciendo
al salir
pisotea el bocata del portero
y un jersey de angorilla
de la anciana del bajo

decide hacer un viaje
rastrear todo el mundo
en busca del cabrón que escupe verde

va a su casa a coger más munición
y un álbum de cromos
de todos los países para orientarse

no tiene pasaporte
mas bastará que enseñe en las fronteras
el tatuaje en la nalga
un escorpión tomando el sol en el desierto
con un bloody mary con sombrilla en el vaso
y sus gafas ahumadas
para poder pasar sin más historias

primero va a la selva
porque allí con tantas plantas
tantos árboles verdes
sin olvidar el paludismo
el pavor a las bestias
las conservas caducadas
las hebillas con óxido

o las lianas venenosas
porque allí en la selva
todo conspira a favor de lo verde
y es fácil que cualquiera escupa verde

robando una canoa
se adentra en la espesura
hasta llegar al poblado de los jíbaros
túpari cam oñic oñic jeta
Mateo el Jeta pregunta por el jefe
extrañado
al escuchar lo de jeta
de que le estuvieran esperando

pero todos le miran la cabeza repitiendo
túpari cam oñic oñic jeta
túpari cam oñic oñic jeta
cada vez con más ritmo
como si estuvieran en un concurso de la radio

en medio de esa zumba
alguien le aparta un poco cogiéndole del hombro
y le dice en cristiano
Sebastiano Campa psicoanalista
paso consulta de cuatro a seis
y como son las cinco le diré
cuál es su problema

usted se ha secuestrado a sí mismo
y ahora padece el síndrome de Estocolmo
usted justifica sus actos
y peor mucho peor
usted se gusta

todo se arreglará
reduciendo unos centímetros su jeta
hasta el tamaño de un llavero
chicos
morriac jetaka fala ya
no se preocupe amigo es por su bien

y los jibaros forman
como el séptimo de caballería
y soplan sus cerbatanas
y tensan y destensan sus arcos
como jugando al zapping con su vida

pero Mateo el Jeta
es un esquivador profesional
ágil y sereno
como el Pequeño Saltamontes discípulo de Buda
compacto y estreñido
como Bruce Lee discípulo de Hegel
y antes de que terminen los anuncios
está todo el poblado
durmiendo unánime la siesta

Mateo el Jeta se coloca
la corbata en su sitio
da dos cachetes al psicoanalista
le tiende la mano
y susurra
voshue los tocor o llanaca pecues
que subtitulado pone
escupe canalla o te corto los huevos

contra todo pronóstico
su gargajo es azul
algo así como un pitufo
aplastado por un tranvía

Mateo el Jeta prosigue sus pesquisas
habla
con un instalador de ascensores del Tirol
con un buscador de perlas polinesio
con un trampero de los Urales
con un vendedor de hormigas asadas de Kenia
con un inspector de sanidad de Afganistán
con un perforador de pozos petrolíferos de Arizona

por último se vuelve a su calle
sin souvenirs pero cargado
de pistas arrancadas a la fuerza
un paquete de pistas
todas de color verde

las primeras apuntan a un tal Lorca
espía de segunda
cuya contraseña preferida
para citarse con los topos
era verde que te quiero verde
pero ese tipo es ya un fantasma
y los fantasmas no escupen

luego sigue los pasos de un poeta
cuyo alias
Aguado
dice cuánto le gusta mojarse
sinónimo de comprometerse

pero también de mearse de miedo
de hacérselo encima cuando huele el peligro

le encuentra en una tasca
dejándose invitar
a cambio de unas bases de premios literarios

Mateo el Jeta pide un whisky doble

cuando Aguado le ve se vuelve más aguado

coño personajillo de dónde sales
te hacía en Tombuctú
o en el Imperio Inca con Tintín
no recuerdo muy bien dónde te puse
pero lejos muy lejos
donde no pudieran relacionarte conmigo
un poeta de ley serio
que conoce la tradición
y todos los recursos
del arte y de la vida
peor para ti
ahora te encerraré en un soneto para siempre

y Aguado pone voz de quien recita un conjuro
ABBA ABBA CDC EDE
ABBA ABBA CDC EDE
jeta rima con teta y con peseta y con treta
mateo rima con ateo y con filisteo y con proteo

pero antes de que llegue al primer terceto
Mateo el Jeta
le desarma

de sus acentos rítmicos
sus cesuras
sus encabalgamientos
sus sílabas contadas

de un golpe en el plexo deja fuera de combate
a TNT (Tomás Navarro Tomás)
dinamita pero húmeda
de un golpe en las cervicales hace que se desmaye
Rudolf Bäehr

entonces se acerca con parsimonia a Aguado
le tiende la mano
y susurra aterrador
escupe

lo que salió fue este romance
este escupitajo verde

prueba de que el tal Aguado era culpable
causa de que haya asistido a un funeral
que no fue desde luego
el del Fantasma de la Ópera

(Mateo el Jeta entonces
camina siete pasos
más allá del romance
para luego dar once mientras silba

mira cómo su sombra
se proyecta en un muro
y con un gesto limpio
le roba la cartera

va caminando al ritmo de un poema
escrito por su cuerpo
y escrito por el mundo
un poema que solo ha interrumpido
la llegada de seres de lo alto
seres del más allá
extraterrestres ángeles teteras
poetas como Aguado
que escupen en las motos

Mateo el Jeta lanza su cuchillo

da siete vueltas once
once vueltas y siete
un mínimo zumbido que se clava
al lado de una chica
pintada en un cartel
que anuncia un coche

ese será un buen sitio
para dormir un rato
gruñe Mateo mientras
se afloja la corbata y los cordones)

# El oso de peluche
## (Novela para bebés)

(2007)

### El oso de peluche

Me acerqué a donde dormías
y contemplé estupefacto
que tu peluche reía

y te cantaba en la oreja
cuántos salmones salados
le cazarás cuando crezcas.

El osito te cantaba
una aurora boreal
que iluminaba tu cara.

A bordo de un iceberg
un osito te cantaba,
bien pegadito a tu piel,

cómo llegar a la luna
escalando una jirafa
glotona de helado y bruma.

Una astronauta que pone
en su cestita de nada
planetas melocotones.

La vagabunda del éter
gateando entre galaxias
para beberse su leche.

El infinito sonríe
cuando le lames las puntas
a las estrellas actrices.

Los topos extraterrestres
excavan sus madrigueras
en tus ojitos de nieve.

Un osito te cantaba
que cuando crezcas serás
la reina de las nevadas.

Un osito de peluche
te canta toda la noche
nanas de viento y aludes

y yo te pongo otra manta
para que nunca se fuguen
mis caricias de tu espalda.

Cuando bajé a darte un beso
sentí el calor del iglú
y el sueño gris de los renos,

tu cuna de pronto en marcha
como arrastrada por perros
que corren, corren y ladran.

Con tus ojitos cerrados
parecías tan lejana
que te cogí de la mano.

A dónde me llevas, hija,
por qué sueños y barrancos
que dentro de ti respiran,

una burbuja en tu boca
y en la burbuja mi vida,
a dónde me llevas, osa,

osita, peluche, tiempo,
camino que no camina
pues se ha enrollado en tu cuerpo,

no me sueltes de la mano,

aunque te vayas muy lejos
no me sueltes de la mano.

## El columpio

Me impulsaré hacia delante
y me impulsaré hacia atrás.
Cuando alcance las estrellas
las cambiaré de lugar.

Me impulsaré hacia delante
y me impulsaré hacia atrás.
Haré en la tierra dos surcos
que me lleven hasta el mar.

Me impulsaré hacia delante
hasta que pueda rozar
mi futuro y los vestidos
que me pondrá el más allá.

Y para que no me mienta
mi pasado nunca más
ni me estropee los sueños,
sí, me impulsaré hacia atrás.

Me impulsaré hacia delante
y me impulsaré hacia atrás.
Mi falda revoleando
tira lunares de sal.

## La muñeca rota

Le faltan las dos piernas
y un ojo y los vestidos.
Le falta una camita
para espantar el frío.
Tiene barro en el pelo,
verdín en el ombligo
y un fantasma en el alma
de su pechito hundido.

Bocarriba te mira
en la orilla de un río.
Con un ojo te mira,
con raíces, con nidos,
con telarañas solas
y lobos desvalidos.
Una muñeca rota
que amamanta el vacío.

Una muñeca rota
que rescatas con mimo
para darle tus piernas
y un ojo y tus vestidos.
Para abrazarla fuerte
y acostarla contigo
y que te cuente cuentos
y que te quite el frío
y que espante al fantasma
que sopla en tus pechitos.

Menos mal que te vio
en medio del camino.
Ahora estás completa
y el mundo te ha hecho un sitio.
Tienes barro en el pelo
y arañado el ombligo.

Duérmete ya, mi niña.
Duerme, infinito mío.

## La cometa

El viento tiene colores.
El viento de pronto es cuerpo.
Restalladoras cometas
arañan los ojos lentos.

Mil críos tiran de un hilo
para bajarnos el cielo
y ponérnoslo en las manos
a tantos adultos ciegos.

La altura tiene colores.
La altura de pronto es cuerpo,
un vértigo diminuto,
un más allá no despierto
que se enrolla y zigzaguea
en el carrete del tiempo.

Mil crías tiran de un hilo
que tejerán el deseo
al corazón de las nubes,
a la hilacha de los sueños.

Tantas cometas que piensan
con colores y con viento,
suspendidas en lo alto,
precipitándose al suelo.

Tantas cometas que piensan
tachando los pensamientos
algo dicen que se callan
que no es mentira ni cierto.

Dan tirones, revolean,
se enredan, caen a un fuego,
te persiguen o se alejan,
hacen ladrar a los perros:
son el amor buscándose
entre los aires un cuerpo;
son la vida desviviéndose
por que entendamos su juego.

Mil críos tiran de un hilo.
Mil crías bajan el cielo.

## El caballito

El caballito verde en su manita.
Lo hace volar sin alas y nadar
porque es ave y delfín y viento y mar.
La bañera de espuma se encabrita

y relincha y se pone a cuatro patas.
El techo se desgaja y hay un grito
cuando el niño, montando el caballito,
se marcha a perseguir lunas y gatas.

## La bola

En la bola que rueda está mi madre.
En la bola que gira está mi padre.
Y mi gato subiéndose a un olivo.
Y las pecas caídas de mi prima.
Y un profesor y un búho de peluche.

En la bola que bota está este mundo,
que confía en mis manos diminutas
y no en los crucigramas de los hombres.

En la bola que escapa está un camino
que seguiré saltando mientras canto
hasta ser yo mi madre y ser mi padre
y mi gato maullando en un olivo
y las pecas rojizas de mi prima
y un búho y un maestro de peluche.

## El parchís

En la casilla 22, azul,
no te puedes quedar porque es mi puerta,
ni comerte una ficha, ni entrar tú
en mi casa vacía, ni moverla

al otro extremo del tablero, ni
repintarla de verde o amarillo.
Es un juego muy serio pero a ti
te dan risa las reglas y hace frío

y te tragas los dados y me anuncias
que gracias, que está bien: partida nula.

## La rayuela

De cuadrado en cuadrado,

tira la piedra y salta
hasta alcanzar el cielo.

Una pierna doblada,

luego un compás abierto,
luego un compás cerrado.

Tira la piedra y salta
para aprender que el cielo
se pierde si se alcanza,

hasta saber que al cielo
se entra arañando el suelo.

De cuadrado en cuadrado,

dobla el compás y mira
cómo tus piernas hacen
un cuadrado redondo,
un círculo cuadrado:

ese el cielo, que estaba
tan a tiro de piedra
que bastaba pintarlo
con tizas de colores
para que apareciera.

**Tres niñas saltando a la comba**

Dos quietas y una salta
las olas de la vida.
Dos orillas y un mar.
Dos preguntas sencillas
que en el agua responde
una sirena niña
con palabras abajo,
con palabras arriba.

Se desata una tormenta.
Entre estallidos y chispas
canta y canta la sirena,
dobla y dobla sus rodillas
y se encapotan sus ojos
y sudan luz sus trencitas
y sus zapatos de espuma
retumban en las esquinas.

El miedo de que la deje
una marca en la mejilla
la cruel marea del látigo
la hace saltar tan deprisa
que de pronto es invisible,
inexistente, infinita:
un gran corazón inmóvil
que mueve las dos orillas.

Cuando pasa un ratito
que ha durado una vida
la tormenta se calma:
vuelve a verse a la niña

limpiándose en las olas
las preguntas sencillas
con silencios abajo,
con silencios arriba.

## El puzzle

En la tapa están juntos
el castillo y las nubes,
las montañas y el río.
Pero en la bolsa cientos
de piezas separadas
se ríen del dibujo
y se ríen de mí.

El castillo y las nubes,
las montañas y el río
estallan en pedazos
en medio de mis ojos
y en medio de mis manos.

Mi madre me sonríe.
Mi abuela me sonríe.
Mis hermanas sonríen.
Esperan el milagro:
que un niño ponga en orden,
que un niño reconstruya
el castillo y las nubes,
las montañas y el río.

Les devuelvo a las tres
sonrisas y miradas
mientras abro el balcón
y tiro al aire piezas
y piezas y más piezas:

un castillo deshecho
vale por mil castillos;
nadie podrá subir
a una montaña rota;
un río dividido
no ahoga ni separa.

Mi madre me sonríe,
mis hermanas, mi abuela.
Con tristeza esta vez,
sin entender que soy
también muchos fragmentos
que sueñan con librarse
de un dibujo tirano.

Que el viento haga este puzzle.

Que el azar haga el puzzle
de mi vida y la deje
solo al morir completa.

## Cuervos

La barca se bambolea.
El cielo está encapotado.
Un perro duerme en la orilla
con los sueños enroscados.
Te sientas en mi escalón
y me coges de la mano
y me preguntas bajito
que cuántos cuervos volando
calculo que hay sobre el río.
«Bastantes más que gusanos,
que cucarachas o liebres.»
«Di un número, dime, cuántos.
Si lo adivinas son tuyos.»
«Bastantes más que guijarros
en el fondo de una jarra;
bastantes más que zapatos
en la barriga de un buey.»
«Di un número, venga, cuántos.
Si lo adivinas los cuervos
te van a llevar flotando
a un reino de caramelo
donde no pasan los años.»
El perro se despereza
y nos quedamos callados.
Alzo la vista y calculo.
«Treinta y dos, no, treinta y cuatro. »
Él dice «cincuenta y dos»
y se ríe muy despacio
mientras se pone de pie
y extiende el pequeño brazo.
La barca se bambolea.

El cielo está encapotado.
Un niño atrapa graznidos
y eso detiene mis años:
mi reino de caramelo
son esos dedos contando.
«Ochenta. ¡Pues vaya vista!
Nunca jamás he acertado.»
Y se marcha en desbandada
pensando cuántos guijarros
podría comerse un buey.
Los cuervos siguen volando.

## Romance de los gnomos

Los gnomos están dormidos
en sus camas de hojarasca
y se arropan con alitas
de mariposas doradas.
Los gnomos están soñando
que recorren en jirafa
los siete mares azules,
las altas cumbres nevadas,
las selvas llenas de loros
y los labios de las hadas.
Los gnomos ya se despiertan
y abren sus ojos de lana
y abren sus ojos de musgo
y abren sus ojos de nada
al rocío y a los árboles,
a la luz de la mañana,
a la canción de los ríos
y al planear de las águilas.
Los gnomos salen despacio
de la piedra que es su casa
por miedo a que un viento fuerte
les arrebate sus almas.
Los gnomos son invisibles
pero su cuerpo lo palpan
los niños y las orugas,
la brisa, el amor, las ranas,
los inocentes, los rotos,
los perros, las musarañas,
las nutrias y los amantes,
las ardillas y la salvia.

Los gnomos se cansan pronto
de correr por la montaña
y se vuelven bostezando
a la piedra que es su casa,
se meten en sus camitas
y se arropan con las alas
y se ponen a soñar
que, a lomo de dos jirafas,
dos niños luz les pasean
por las páginas de un atlas.

**El fantasma**

En la pared las sombras
de tus manos y tú
que las persigues hasta
que regresan a ti
cuando soplo la vela.

Un fantasma en tus manos:
sonríes y las cierras
para que no se escape.

             (continuará)

# Segunda parte

# El fugitivo

(1998)

# El fugitivo

I

todo estaba en un punto hasta que vino el tiempo
hasta que vino el expulsado
puso el punto en su honda y lo lanzó
con la fuerza que brota de la nada
una miga de pan que se deshace
una miga de pan que al deshacerse
va creando las aves que las comen
las cuales a su vez necesitan reposo
y originan los bosques de cuyos troncos surgen
los tambores las manos que los tocan
las aldeas que ocultan esas manos
de qué de una manada de fieras cuyos ojos
brillan como armaduras vestidos de satén
rascacielos y calles y navajas

puso el punto en su honda y me lanzó
y desde entonces huyo con un hilo en la mano
un hilo que me lleva o que yo llevo
que da vueltas conmigo hasta que un cuervo hambriento
nos aloja en su buche y luego nos excreta

caemos como plomada en manos de un albañil

y de repente somos una casa

soy un punto creado por el cruce
del vuelo horizontal como miga y el vuelo
vertical como guano soy un punto
que sueña con el punto que el hondero lanzó
expulsado por él el expulsado

un punto que respira sin soltarse del hilo
que va tendiendo el hilo por las habitaciones
como vías de un tren que va inventando
pasajeros en todas las esquinas
los cuales a su vez llevan sus hilos
cogidos de la mano

pasajeros que cambian de vagón
que no se están inmóviles ni un segundo que vienen
y van por los pasillos caminan por el techo
corren despavoridos cuando llegan los túneles
quieren subirse en marcha
o quedan atascados en un cambio de agujas

pasajeros que enredan sus hilos y hacen nudos
forzándoles a unirse para siempre
pasajeros que sueñan con tijeras
en cuyos huecos vese una marisma
con monstruos que resoplan

pasajeros que acuden en tropel a buscar
al fogonero
el cual blande su pala y les conmina
a que arrojen al fuego sus nudos que alimenten
el vapor de la máquina con ellos

el nudo es nuestro punto prisionero
el punto que no puede colocarse en las hondas
colocarse tampoco en esa catapulta
que construyen dos cuerpos arqueados
no se puede lanzar un nudo por el aire
no se puede asediar con un nudo un castillo
derribar con un nudo las murallas del tiempo
derrotar con un nudo al gigante del tiempo

en el nudo se pudren los hilos y las manos
que se vuelven tirantes como barco en el puerto
el ancla y la maroma tensa sobre la bita
no la estela los saltos del delfín las corrientes
marinas las gaviotas el catalejo el humo
o los siete colores que teje el arco iris

en el nudo quedamos prisioneros
como en una frontera abandonada
a la que nunca llega nadie nadie
volando una cometa
con un hilo en la mano que nos dé de beber
alguien que sea fuente y un punto y una fuente
de la que mane agua y más agua y más agua
cometa o surtidor tan poderoso
que podría llevarnos hacia arriba
de no ser por los nudos
que nos atan al puerto a la frontera

de no ser por el nudo
esa traición al punto original
que el tiempo el expulsado el hondero irascible
puso en su boca y lo lanzó
palabra que se parte en mil palabras
carozo que se escupe y que germina
todo un campo baldío

soy el que escapa el fugitivo aquel
al que persiguen los tapices
y las telas de araña
las ruecas las aviesas hilanderas
todo un ejército de tejedores
espías disfrazados de red no de mendigos

todos quieren lograr ese botín
del hilo que me lleva de la mano
ponerle a trabajar en sus minas de tiempo
obligarle a empujar las vagonetas
que van a rebosar de vestiduras
de leyes y tratados de nombres y de cifras
de recuerdos pinchados en un corcho
de estrellas enhebradas entre sí
como ristra de ajos monedas de agujero
o cuentas de bisutería soy

aquel que escapa
con un hilo en la mano

soy el que escapa el fugitivo aquel
al que persiguen sus miradas
sus gustos los paisajes las sillas de su cuarto
sus opiniones y sus libros el café de las siete
la sombra de su cuerpo en primavera

II

soy un punto que escapa de su centro
las jaurías de radios me persiguen
compases que están locos les azuzan

están fuera de mí pero están dentro
con hondas con elípticas me siguen
trazan rayas y números que cruzan

que cortan el espacio dibujando
en medio de la nada unos barrotes
soy reo condenado a mil azotes
amarrado en un círculo y colgando

marioneta del tiempo contrabando
de hilos manos deseos monigotes
un punto fugitivo que echa brotes
montes ombligos ojos despreciando

vino el hondero el tiempo y nos lanzó
proyectil que atraviesa el universo
proyectil que se inventa el universo
según viaja por él nos impulsó

hacia una diana todavía no
visible hacia una diana y su reverso
hacia el ser y el no ser hacia este yo

blanco del tiempo mas también la piedra
que el tiempo se dispara sin saberlo
hondero que se acierta con su piedra

yedra que estrangulada por la yedra
deshace el universo sin haberlo
terminado de hacer y al devolverlo
al punto original para la piedra

el tiempo ese escritor busca palabras
con las que alimentar su honda apunta
y al hacerlo divísase una yunta
que abre surcos y siembra esas palabras

palabras que germinan más palabras
semilla o meteorito cuya punta
horada y quema multiplica y junta
explosión de palabras con palabras

si el tiempo nunca hubiese tropezado
con aquella palabra o piedra o nada
con el punto o carozo del inicio

si nunca fuera el tiempo el exiliado
nunca hubiese lanzado aquella nada
y nunca nunca hubiese habido inicio

III

de repente me he puesto a perseguir
al que me perseguía de mi mano
tira un hilo feroz un hilo insano
un hilo desbocado hacia el morir

un hilo corredizo resistir
su empuje es imposible como es vano
que los seres se opongan a mi mano
que los borra al rozarles conseguir

de este modo plegar el universo
volver al punto a la palabra al gozo
de estar las cosas juntas tan unidas

que un hilo cualquier hilo el mismo verso
final de este poema sea un pozo
para el tiempo y sus ondas y sus vidas

**IV**

vamos barriendo todo
una mano y un hilo lo van barriendo todo
miradas opiniones el café de las siete
los tapices los nudos
los pasajeros y las vías
de tren que cruzan las habitaciones
la casa el guano el cuervo
las aldeas las manos los tambores
los árboles las migas de pan somos

una mano y un hilo
cada vez más pequeños
borrando el universo

según vamos por él

un ovillo o caricia o punto o chispa

un hilo y una mano
que buscan al hondero al fugitivo

el tiempo cada vez más cachorro de tiempo

un cachorro sin nadie que le dé
de mamar y termina
devorando sus ojos

el tiempo ese cachorro acorralado
que gañe en la negrura ante el peligro
que está tan asustado que acaba refugiándose
dentro de un punto palpitante un punto
que le calma borrándole del todo

# Poemas fugitivos

## El saltador

El saltador se encoge, se agarra las rodillas,
esconde la cabeza entre las piernas.
A punto de llegar da un latigazo
y se estira de golpe contra el agua:
al sumergirse nace, y el mundo, sacudido,
vuelve a iniciar de nuevo sus circunvoluciones,
su salto de gestante que atraviesa el espacio
como una caracola o bosta o piedra
lanzado hacia la luz: le enseña el saltador
al mundo su trabajo, y a convertirlo en juego,
y cómo al zambullirse quedar recién nacido:
le enseña el mecanismo de la vida.

El mundo se detiene y mira concentrado,
quizás reconociéndose en los gestos del hombre
que rota y se traslada dibujando una elíptica
con su cuerpo visible sobre un eje invisible.

Es el mundo el que salta, no es el hombre:
esa bola que rasga la seda de la tarde
desnudándolo todo, no es un hombre:
es el cauce de un río, las raíces de un árbol,
la tierra de aluvión, pero no un hombre:
es el molde de un hombre, un recipiente
vaciado de un hombre y luego vuelto
a llenar con el cauce, las raíces, la tierra:
es el hueco dejado por un hombre
para darle un cobijo a las cosas del mundo.

El hombre, cuando salta, ya no piensa,
pues su interior es agua, filamentos o polvo.

Cuando salta es el puro movimiento
y es la inmovilidad perfecta y pura:
es el mundo que gira y el mundo detenido.

El mundo, ese aprendiz de saltador,
y el saltador, ese aprendiz de mundo,
se duermen en el aire
                      y nos sueñan.

## Poema del círculo

todo lo que decimos
da vueltas y más vueltas
rueda desde nosotros a nosotros
baja por la pendiente
que llamamos espalda mundo ser
da vueltas y más vueltas
para encerrarnos juntos
en la bola de nieve en el alud
de círculos que van por la ladera
creciendo y retumbando

y lo que no decimos
da vueltas y más vueltas
gira sobre sí mismo
en loca rotación que provoca una llama
invisible un incendio
que se extiende imparable por un bosque
ocupado por seres que no existen
por seres imposibles o vacíos
habitantes del cero o de la nada
que ponen sus nopiernas a correr
huecos en estampida
que buscan una forma donde estar
a salvo del nobosque
una forma o palabra o barro o nota
la llama que detenga a la nollama

todo lo que decimos o callamos
da vueltas y más vueltas
remolino de curvas
que forman la palabra y su silencio

agujero que busca sus paredes de vidrio para llamarse vaso
tierra que busca un viento donde llamarse halcón
remolino de círculos que escapan de sí mismos
y dicen lo que callan callando lo que dicen
nopalabra que busca que alguien la pronuncie para fundar el tiempo
y palabra que sueña una mano que la borre para llamarse amor
remolino de círculos buscándose a sí mismos
evadidos del puntoocentroodios
y que ahora lo aplasta en el ahora

## Lección de metafísica

Lo que existe parece que no existe
porque tú lo has tocado ser adentro,
porque tú lo has tocado beso adentro
con la nerviosa lengua de la nada.

Me palpas con tus manos infinitas
(no son manos, lo sé, sino estallidos:
el tiempo que no llega nunca a tiempo)
y se borra mi cuerpo, y al borrarse
por fin se hace visible: un signo cero
suspendido en el aire entre nosotros.

Me piensas con tu boca y con tu sexo,
esos dos silogismos refutables,
esos dioses borrachos que han perdido
la pizarra o azar donde escribirme.

Y al pensarme me restas, me haces menos,
me deshaces, me viertes al vacío,
me entregas al no ser
                        y maniatado.

Parece que no existo por tu amor
porque tu amor me funda, es el origen,
ese punto o lugar donde está todo
(también lo que no está: tu ausencia: nada).

Tu cuerpo me hace náufrago, un islote
que el cosmos ignorase, un meteorito
tachado de los mapas y los ojos,
nave sin un planeta al que volver

que fuera disolviéndose en lo oscuro.

Tu cuerpo hace que exista lo que existe:
tu cuerpo hace imposible lo que existe.

Lo que existe parece que no existe
porque tú lo has dejado sin besar.

Parece que no existes porque tienes
unos labios carnosos y unos dedos
que dibujan el mundo.

     Nada y todo
se abrazan en tus piernas cuando salen
a respirar del fondo de tu mente.

Me piensas con tu nuca y con tu ombligo,
me piensas con tus huesos y tus músculos,
me piensas con las sillas de tu casa,
me piensas con el agua y el jabón,
me piensas con los árboles del bosque,
me piensas con tus heces y tus gritos,
me piensas no pensándome y pensándome.

Me piensas, no me piensas: es lo mismo.

En ti me piensa el tiempo y me piensa el espacio.

Me piensan las paredes de este cuarto,
me piensan con la cal y con las manchas,
me piensan con la sombra de mi cuerpo.
Y al pensarme me borran, ya no estoy

y ya no queda nadie en este cuarto.

El amor es un cuarto que no existe
donde duerme a resguardo lo que existe.

Me piensas con el ser, con el no ser,
me piensas con los números caídos
del portal de la casa donde vives,
me piensan tus jadeos, tus dos gatos,
el barro de las ruedas de tu coche,

me piensan tus palabras cuando callan
y ya no son palabras sino cuerpo.

Busquemos el silencio para amarnos.

Dejemos de pensar, de ser nosotros.

Entre el ser y la nada una rendija
que no les pertenece, una tierra de nadie,
la madriguera de la vida.
No me pienses y escribe nuestro amor
en la tierra de nadie del poema.

# Los poemas de Vikram Babu

(2000)

Como cajas vacías
apiladas las unas
              encima de las otras
en frágil equilibrio.

Vikram Babu pregunta:
              ¿eres así?

Como aquel que pretende
no perder de sí mismo ni las huellas
y siempre va con pala
                      y las recoge
y las mete en un saco
y luego guarda el saco entre otros muchos
colmando poco a poco
                      su minúscula casa.

Vikram Babu pregunta:
                      ¿lo sabías?

Como aquel que se acuesta con un árbol,

o aquel que va a la guerra
                        cabalgando su cuenco,

o el que se pone a arar
                        la tierra con su sombra
y la arrea y la arrea
                        hasta quedarse afónico
y no se explica cómo a mediodía
se ha largado al establo
                        cuando aún
queda media jornada de labor.

Vikram Babu pregunta:
                        ¿y qué obtienes?

Como el que ciega un pozo con pedruscos
y además lo envenena
                    con animales muertos
y utiliza su cubo como leña
para hacerse chapatis
y luego clama al cielo
                    por dejarle sin agua
y se muere de sed.

Vikram Babu pregunta:
                    ¿eres así?

Como él se emborracha con su yo
y, perdido el sentido
................después de muchos tragos,
a todo llama yo,
a una serpiente, al polvo, a sus sandalias,
al vendedor de sal y al Soberano,
a la estatua de Durga
................y hasta a la misma Durga,

a todo llama yo tambaleándose,
sordomudo funámbulo
que acabará aplastando
................su yo contra el yo-suelo.

Vikram Babu pregunta:
................¿cuánto bebes?

Como aquel que vadea
                    el río vigilante
por miedo al cocodrilo
pero luego prepara
su lecho en la guarida del león.

Vikram Babu pregunta:
                    ¿no es estúpido?

Como el que pierde el juego sin parar
y apuesta a su mujer
                      y luego a un hijo
y luego sus tesoros
y luego varias vidas venideras
y, cuando no le queda nada, apuesta
también lo que no es suyo:
                      el Universo, el Nombre,
el Hilo de la Araña y las Tijeras.

Vikram Babu pregunta:
                      ¿por qué juegas?

Como el que va a una boda
                    tan sucio que le expulsan,
y prueba en otra puerta
                    y le azuzan los perros,
y desgarra la lona de la tienda
y entre varios le atrapan y le arrojan
volando a las letrinas,
y prueba a hacer un túnel
y las ratas le muerden las orejas.

Todo en vez de asearse,
                    de ponerse otras ropas,
quizás algo de sándalo y aceite para el pelo.
O una guirnalda.
            Cosas sencillas.
                        Sobre todo
si tenemos en cuenta
            que era su propia boda.

Vikram Babu pregunta:
            ¿quién se casa?

Como aquel que practica
                el sitar largos años
en casa de un maestro
                de gran reputación
y cuando al fin consigue el grado máximo
rompe el sitar e intenta
dar conciertos de tabla
tocar la flauta o ser un vocalista
y aún le queda asombro suficiente
cuando le tiran piedras,
                le abuchean
y lo peor de todo:
cuando llaman farsante a su maestro
y le expulsan del pueblo para siempre.

Vikram Babu pregunta:
                ¿a qué vienes?

Como el que escribe cartas
                        de amor en una acequia
y a una nube-cartero las confía
y se oscurece el sol cuando su amante
le dice que ella nunca ha recibido
ninguna carta suya
y se instala la duda entre los dos
y aumenta como grieta en la pared
y el mes de los monzones
                      se matan mutuamente.

Vikram Babu pregunta:
                    ¿es eso amor?

Como aquel que repite
la palabra elefante sin descanso
millones y millones de veces,
                    muchos días
sin apenas comer,
la palabra elefante,
            la palabra elefante.

Al final ya no sabe lo que dice
y, aunque le llama Dios a esta ignorancia
y le visita el éxtasis
y talla toscamente exvotos de elefante
y viajan desde lejos a postrarse a sus pies,
un día paseando por un bosque
se cruza un elefante verdadero
y se queda parado buscando en su memoria
y antes de que recuerde
                qué es aquello que ve
le tumba el elefante de un trompazo
y le cubre de estiércol
y se muere el maestro
            de vergüenza allí mismo.

Vikram Babu pregunta:
            ¿no es gracioso?

Como el rey que construye un palacio de vidrio,
los muros, las estancias transparentes,
no hay secretos, pues todo
está bien a la vista para todos,
y al principio era un juego pero luego
el rey se siente incómodo
y en vez de hacerlo opaco con cortinas
o muros interiores,
                      cualquier cosa,
ordena vaciar los ojos de sus súbditos.

Vikram Babu pregunta:
                      ¿eres así?

Como pira,
que no puede elegir
                al muerto que hará arder.

Vikram Babu pregunta:
                ¿lo pensamos?

Como el remo que parte la corriente,
como el viento que agrieta
con la rama la imagen de ese templo,
como la cocinera que golpea el mortero,
como tiembla el camino
                      cuando galopa el mulo,
como retumba el techo de una casa
cuando el mono da saltos,
como azota el metal
                      de los cubos la lluvia,

como un hombre dormido
                      tira piedras a Dios
sin sentirse culpable.

Vikram Babu pregunta:
                ¿debería?

Como el que mata a un niño y lo desuella
y machaca sus huesos
                        y quema sus tendones
y da a comer sus vísceras a un perro

y, orgulloso, convoca
a padres, familiares y vecinos,
les explica con lujo de detalles
su cruel comportamiento
y luego les invita a que entre todos
armen de nuevo el puzzle de ese niño.

Vikram Babu pregunta:
                      ¿eres así?

Como hormigas en fila:
                      un yo que se disgrega
necesita encontrar un agujero,
una envoltura,
           un nombre,
eso que tan ufanos denominamos mundo.

Vikram Babu pregunta:
                ¿tú también?

Como aquel que lanzaba su caña hacia una charca
pintada sobre el suelo
y no obtenía peces pero siempre
pescaba algún devoto
dispuesto a rellenarle
 su cuenco de comida.

Vikram Babu pregunta:
 ¿eres así?

Como el que lleva el Ganges de pañuelo en el hombro,
y el tilak de su frente es Varanasi,
y en las piras ardientes de sus ojos
se queman sus deseos,
y sus pies son los Vedas,

mas cuando duerme
                se levanta sonámbulo
y acuchilla a las vacas
                    y viola a las mujeres
y asuela los graneros.

Vikram Babu pregunta:
                ¿eres así?

Como el que pinta yantras
                    en todos los umbrales de su hogar
mas no en el corazón.

Vikram Babu pregunta:
                    ¿tú también?

Como un viejo sin dientes que comiera
garbanzos sin haberlos
                    ablandado con agua
y luego hecho puré,
tan impaciente y torpe que se muere,
tan achacoso y ciego que cocina
su muerte y no su vida
                    y le sale en su punto.

Vikram Babu pregunta:
                  ¿eres así?

Como el hermoso espejo
que tiene un marco de oro
                        tachonado de joyas
(diamantes, esmeraldas y rubíes),
un espejo pensado para reyes
que, dormido en un sótano,
ya solo en él se miran
                        arañas y ratones,
muebles desvencijados,
                        el polvo y la humedad.

Vikram Babu pregunta:
                        ¿cómo quién?

Como el que anuda alfombras
y un instante de un día se descentra
y, cuando vuelve en sí,
ya forma parte de la alfombra, está
entretejido en ella
debajo de una rama
                      del árbol de la vida,
prisionero en la trama de una alfombra
por un descuido tonto,

y el resto de la gente
alabará sin duda el resultado
mas sin duda también le pisarán
hasta que se desgaste,
                    se deshilache y quede
a nada reducido.

Vikram Babu pregunta:
                    ¿estás atento?

Como el que acecha a un tigre
                    disfrazado de tigre:
aterrado, al toparse con él pierde sus armas,
pero el tigre se alegra de encontrar compañero
y le obliga a seguirle
                    y a integrarse en el grupo.

Al poco experimenta grandes cambios:
se endurecen sus músculos, se vuelve más flexible,
saborea con gusto la sangre de las víctimas.
Ninguno en la manada sospecha la impostura.

Pero al cabo de un tiempo
                        la piel de su disfraz
le parece gastada
                y sucia y vieja,
y para obtener otra vuelve a acechar a un tigre,
le muerde en la garganta hasta matarle
y le arranca la piel
                y se viste con ella.
Luego vuelve a la cueva satisfecho
y a unas crías reparte lengüetazos.

Vikram Babu pregunta:
                ¿no da miedo?

Como el árbol que crece sin sentido
(las raíces al cielo,
                la copa bajo tierra)
y asusta a las lombrices y a las aves
y al mismo bosque asusta
y asusta al leñador
                y a las lluvias asusta.
Y al fin se queda solo viviendo en un desierto:
se nutre de la nada
              y el vacío le cerca.

Todos le han evitado y al hacerlo
de sí se han apartado:
de las ramas pendían las frutas de sus almas.

Vikram Babu pregunta:
                ¿también tú?

Como el hoyo en la arena que excavaran
las manitas de un niño,
que no es igual que el túnel
de un topo,
          ni es igual que los cimientos
de un palacio que mil obreros abren,
ni es igual a la angustia (ese agujero
que a bocados ensancha la diosa de la noche),
ni es igual a la herida de una flecha.

De todos esos pozos
solo en uno te puedes derramar
(el río de la vida desbordando tu cuerpo)
sin perder ni una gota,
sin conservar tampoco ni una gota.

Vikram Babu pregunta:
                ¿sabes cuál?

Como los cascabeles atados al tobillo,
que suenan al saltar la bailarina,
al golpear el suelo,
                al girar,
al alzar una pierna
                o doblar la cintura.
Y luego, ya guardados en su bolsa,
suenan contra la espalda
                del culi que la lleva.

A aquella le regalan mil monedas
por su bella función.
                A este le gritan
por haber despertado a los que duermen.

El cascabel es sabio:
 no distingue
de castas ni de oficios,
                y se ríe de todos:
como el pobre de Babu y sus palabras.

Vikram Babu pregunta:
                ¿lo sabías?

Como el joyero aquel
que, trucando balanzas y medidas,
amasó tal tesoro
que apenas se podía custodiar.
Cada vez que contaba sus diamantes
o el oro de sus cofres,
                        contaba sus mentiras:
refulgentes mentiras que alumbraban los sótanos,
galerías secretas, bodegas, pozos ciegos.
Pasaba tanto tiempo sumando sus riquezas
que ya nunca salía de tales subterráneos.
Una tea encendida,
vagonetas de libros arrastradas
por contables sin lengua y sin orejas,
topos amaestrados que exploraban los huecos.
Después de muchos años de que el sol se olvidase
del rostro del joyero,
este llegó hasta el centro de la Tierra:
un punto incandescente que pensó que era suyo:
una gema rarísima que pretendió llevarse
en uno de sus sacos.
                   Cuando extendió sus dedos
para hacerse con ella
no tocó una mentira, un engaño rentable,
una más de sus tretas convertida en dinero.
Una parte del Ser tocó,
                una verdad,
las pobres pertenencias del Eterno.
Y Este, por compasión, dejó que la cogiera.

Vikram Babu pregunta:
                ¿y qué pasó después?

Como aquel que demanda
su horóscopo a un astrólogo y entonces,
decepcionado y triste por su horrible pronóstico,
le embosca y le degüella
(como si así pudiese escapar de su sino).
Alguien encontrará
     el cadáver y hará
que lo incineren.
    Luego
las cenizas al viento dibujarán un mapa:
el cielo y las estrellas,
       y en el centro aquel hombre
a fuego lento asado
por la infinita cólera de un dios
aún convaleciente de su garganta herida.

Vikram Babu pregunta:
      ¿lo has meditado bien?

Como el barco de arena
que, apenas toca el agua,
                      se deshace,
se desmorona, muere, se disuelve:
un puñado de tierra remontando ese río
caudaloso y potable de la nada.

Vikram Babu pregunta:
                      ¿quién se embarca?

Como un año de fuerte sequía que provoca
una hambruna.
                Los muertos
se hacinan en las calles y en las piras.
Por un grano de arroz se matan los hermanos.
Los búfalos se dejan morir en las cunetas
y los monos se beben su sangre a dentelladas.

Y los dioses, ajenos a tamaño desastre
(en sus altares nunca falta leche o guirnaldas),
se juegan los monzones a los dados.

La hambruna pasará,
                    y seguirán los dioses
ociosos y lejanos como globos
que una niña soltara descuidada.

Vikram Babu pregunta:
                    ¿y si nos los comemos?

Como el que cruza un puente
                          pero no por el centro:
haciendo equilibrismos por una barandilla.
El río ruge abajo,
los cocodrilos hacen chasquear sus mandíbulas.
El viento mueve el puente,
                          y crujen las maderas
por el peso excesivo de los hombres que pasan.
Acostumbrados,
            nadie repara ya en el loco.

De una orilla a otra orilla:
                        todos hacen lo mismo.

Vikram Babu pregunta:
                        ¿todos hacen lo mismo?

Como el asceta aquel que, arrepentido
de sus muchos milagros
(«un milagro demuestra
que no rigen las leyes de este mundo,
y si estas no funcionan
                Dios no existe»),
intentó suicidarse inútilmente:
con mil cuerdas atado se arrojó a una corriente
y esta le devolvió con dulzura a la orilla;
se acostó en una pira y no se chamuscó;
se tiró desde un alto precipicio
y tardó varios días en llegar hasta el suelo;
se enterró en una cuba de cal viva
y salió maquillado y con la piel lustrosa.
Pues ningún elemento
(el agua, el aire, el fuego ni la tierra)
quería ser el cómplice del fin de un hombre santo.

Todos le respetaron,
            y el asceta,
comprendiendo de pronto su falso silogismo,
realizó más milagros
                ya sin remordimientos.
Y al poco tropezó y se abrió la cabeza
con un cuenco de barro medio lleno.

Vikram Babu pregunta:
¿qué elemento acabó con nuestro asceta?

Como un carro sin ruedas,
                    como un tigre sin dientes,
como una casa en ruinas,
                    como una cesta rota:
los adultos se burlan pero los niños juegan.

Como el mundo y la vida,
                    como el Ser y los santos
en tiempos como estos de descomposición:
su utilidad la entienden
los que apenas acaban de nacer,
los que juegan según las reglas de lo eterno
y todavía no según las reglas
de los hombres,
                    por sabios que hayan sido.

Vikram Babu pregunta:
                    ¿qué edad tienes?

Como el que cuenta historias antiguas y profundas.
Una las escuchó,
                  otras las ha leído.
Él le pone palabras y una energía propias
al silencio tensado por el arquero-tiempo.
Todos los dioses es,
                  todos los personajes
que habitan las aldeas,
todos los bosques,
                  todas las batallas.
Y es todo lo que existe y todo lo que no.
El auditorio escucha transportado
sintiéndose también todas las cosas.
Y un vacío se extiende en torno y queda
desgajado ese grupo del decurso del mundo.

Alguien sigue contando,
                  alguien sigue escuchando,
pero ya no se sabe quién es quién.
Y la flecha del tiempo se detiene en el aire
y al fin se desintegra con la palabra fin.

Como el que cuenta historias y al hacerlo
es contado por ellas:
                  la palabra de Dios.

Vikram Babu pregunta:
                  ¿qué decías?

Como el limo,
         que acoge
                 y sustenta a los lotos
pero nunca es tenido en cuenta al decorar
los templos y las vidas de los dioses.
Ese limo fecundo en el que entierro
las semillas cansadas de mis ojos,
mis palabras marchitas,
                 mis libros deshojados.

Vikram Babu pregunta:
                 ¿y quién las regará?

Como un buen masajista,
                        que fricciona,
da golpecitos,
          pinza,
                  hace presión
                          o roza:
elimina tensiones, dolores, rigideces,
corrige el resultado de tantos malos hábitos.
Hace bien su trabajo,
                  pero no se plantea
la ciencia superior,
el masaje por fin definitivo:
una mano invisible que recorre
una espalda invisible:
                  un masaje
hecho a un cuerpo de luz con sus manos de sombra.

Vikram Babu pregunta:
¿y Dios,
      no necesita relajarse
de este duro trabajo de crearnos?

Como el dulce leproso que cantaba
poemas encendidos a sus muchos muñones
e invitaba a besarlos
con tan firme alegría que nadie se negaba.

Vikram Babu pregunta:
                    ¿quién te crees
que entretiene en el cielo
                    ahora con sus bailes
a tanto dios inválido?

Como el que logra hacer que le obedezcan
un rebaño de ideas
y las pone a pastar en un tratado.
Y al poco tiempo crecen
                          y derriban las cercas
y asaltan los tratados colindantes.
Y cada vez son más,
más fuertes y mejor organizadas:
inundan bibliotecas enteras,
                          y doctrinas,
y el cerebro de muchos eruditos.
No paran de comer, son insaciables.
                          Pronto
el Universo entero es un establo
donde todos vivimos prisioneros
excepto las ideas,
               rebaño en estampida
del que la misma nada no está a salvo.

Vikram Babu pregunta:
                     ¿quién las para?

Como esas caravanas que van por el desierto
y solo se detienen a ofrecer
sus mercancías
            en los espejismos.

Y qué raro:
        obtienen
gran rentabilidad.

Vikram Babu pregunta:
            ¿qué llevan sus camellos?

Como el que sube al Cielo para echar un vistazo,
si merece la pena renunciar a este mundo
por lo que allá le espera,
                      y nadie le recibe
porque en ese momento los dioses se han marchado
a visitarle a él
           en la Tierra lejana
(un santo de prestigio tan alto no es frecuente
y despierta pavor, curiosidad).

Decepcionados todos por el esfuerzo inútil,
se encuentran sin saberlo
                      en medio del camino
entre el Cielo y la Tierra
                  y por algo ridículo
(quién cede el paso a quién,
se amenazan con palos,
               con conjuros,
se retan como chulos que han bebido hasta hartarse.

El Cielo abandonado
y la Tierra vacía,
sin dioses y sin santo.
¡Es el momento, amigos, de saquearlos bien!

Vikram Babu pregunta:
                ¿a qué esperáis sentados?

Como un águila,
                Dios
también de vez en cuando necesita
descansar de Sí Mismo
                        y replegar Sus alas
y dejar de volar por un instante.
Nosotros somos árboles plantados por Sus manos,
apenas una mancha en el paisaje
de lo Eterno:
                lugares
para que Dios repose.

Vikram Babu pregunta:
                        ¿qué crueles leñadores os talaron?

Como el encantador de encantadores:
la cobra que soplando dos notas de una flauta
hace que un hombre salga de una cesta
y se contorsione.
Las víboras y el resto de reptiles
hacen corro asustadas.
                      Se preguntan
cómo se libraría la cobra del veneno
si al hombre,
            despejado
                      de su hipnótico trance,
le diera por morderle.
Una vez terminado el espectáculo,
hinchan sus caperuzas, mueven sus cascabeles,
agitan sus anillos, dan golpes en el suelo,
se enrollan en los troncos de los árboles
con visible fruición.
¡Un peligroso humano
                      a merced de una cobra!

Vikram Babu pregunta:
                      ¿hablamos de la muerte?

Como aquel que defeca
en un campo de flores:
                    son las mismas
que, fragantes y hermosas, tejerán las guirnaldas
que pronto han de colgar del cuello de los dioses
en el templo cercano.
                    La oración
de este hombre son sus heces,
y con ellas abona
ese campo de flores
                    y el campo del espíritu.

Vikram Babu pregunta:
                    ¿quién tiene un apretón?

Como aquel que construye una escalera
con humo de un incendio.
Peldaños, pasamanos:
                    todo es humo.

Va al mercado a venderla.
                        Pero nadie
se atreve a dar ni un paso:
tienen miedo a caerse si al hacerlo
de pronto se disipa.
A alguien que fuera de humo le vendría
perfecta esta escalera:
                    a alguien ya muerto,
                                a un loco,
a un ermitaño,
            a un dios,
a una de esas montañas aburridas
que sueñan con bajar al animoso valle,
a cualquiera que lleve cien años ayunando.

(Del humo de un incendio fabricó la escalera
que ascienden y descienden
                            sus ojos cuando miran,
sus manos cuando tocan,
                    su boca cuando come,
su espalda cuando duerme
y sus palabras siempre,
                    cuando habla o cuando calla.)

Y ya todos se han ido del mercado.
Y brilla la escalera en medio del vacío,
tremolando en la noche.
Y llega entonces Nadie y se la compra,

y Nadie se la compra.

Vikram Babu pregunta:
　　　　　　　　¿cuánto pides?

Como el que hierve leche para un chai
y, al quedarse dormido,
desperdicia la leche, que se sale,
y desperdicia el fuego, que se apaga
en el horno de barro y en el horno
donde se cuecen ya
                sus vidas posteriores.

Vikram Babu pregunta:
                ¿estás atento?

# Lo que dices de mí

(2002)

# Primera parte

I

Lo que dices de mí:
un extraño camino que nunca he recorrido,
un camino que enlosan tus palabras
y que si miras bien se corresponde
con una de las líneas de tu mano.

Lo que dices de mí
                eres tú misma,
eres tú de repente bifurcada,
una parte de ti que se queda a tu lado,
otra parte de ti que se viene conmigo.

Lo que dices de mí va borrando mis huellas.

Lo que dices de mí me prepara emboscadas.

Lo que dices de mí
es saliva y es tierra que amasas para darme
figura de caballo, figura de montículo,
figura de lunar, figura de tu espalda,
figura de cualquiera de mis dedos
cerrando uno por uno todos tus orificios
(más saliva y más tierra que coges para darme
figura de cabaña, figura de murciélago...).

Lo que dices de mí
es mentira que acierta a decir la verdad.

Lo que dices de mí
se acuesta junto a mí donde estaré,
se acuesta junto a un hueco que llama por mi nombre
y al que besa y aplasta hasta que nazco.

Lo que dices de mí
es telaraña, es red, pero tú no la tensas,
pero nadie la tensa pues nadie está al acecho,
es red, es telaraña frenando una caída
que no se ha producido.

Lo que dices de mí me desconoce
del modo más perfecto imaginable,
me desconoce más que el desconocimiento
que me tienen las vetas de una mina,
que me tienen los kraken,
que me tienen las aguas cenagosas,
que me tienen los cientos de tejados
que guarda el huracán en su gruta secreta.

Lo que dices de mí se va probando mundos.

Lo que dices de mí me multiplica.

Lo que dices de mí estira mis pulmones,
catapulta mis ojos,
despierta a los caimanes de mi sangre.

Lo que dices de mí me acelera y me vuelve
más lento.

Lo que dices de mí no lo dices de mí,
no lo dices siquiera, no soy yo,
es raíces de un árbol cuya fruta
se deshace en tu boca y la refresca,

es un malentendido que tu voz
provoca en nuestro sexo

(el fosfeno y la noche es lo que dices
cuando dices de mí no importa lo que digas).

Lo que dices de mí no son tus opiniones,
es el dulce apagón de la conciencia,
es la locuacidad de lo que existe,

es un puente colgante entre nosotros,
son ardillas que roen las cuerdas de ese puente,
son cáscaras de nuez, un arca abandonada,
maderos embreados que alimentan el fuego
de un náufrago asustado.

Lo que dices de mí
               es estaca que busca
con avidez al ávido corazón de ese muerto
que ronda mis castillos y se duerme en sus sótanos,
ese muerto no muerto que llamamos amor.

Lo que dices de mí no necesita
de mí para encontrarme.

Lo que dices de mí no se viene conmigo
a menos que yo firme una página en blanco.

Lo que dices de mí lo dices simplemente
con estar en el mundo, lo dice tu deseo,
esa energía pura que hace pasar las nubes.

Lo que dices de mí
                    obliga al horizonte
a tenderse a tus pies y lamerte sumiso.

Lo que dices de mí se escribe en las paredes
con tizones calientes de tus muslos.

Lo que dices de mí
                    es la jaula y el mapa
en el acto preciso de aprender
a vendarse los ojos y saltar al vacío.

Lo que dices de mí me pone en marcha,
un loco mecanismo
de huesos astillados como sables
que va retando a duelo a todos los que dicen
que nunca has dicho nada de mí, que estás callada,
que un mutismo feroz te ha comido la lengua.

Lo que dices de mí
                    es manada de lobos
hambrientos y atrapados en páramos de nieve
que se devoran entre aullidos.

Lo que dices de mí me traduce a un idioma
que aún no conocemos.

Lo que dices de mí me resucita.

Lo que dices de mí:
una orquesta sonámbula
de músicos que tocan concentrados
y miran sin rencor sus partituras

mientras todo el pasaje
abarrota los botes salvavidas.

Lo que dices de mí me deja solo.

II

Tus palabras:
me envuelven en una placenta y me colocan
delicadamente en tu interior para gestarme.

Me trasladan, las traslado,
vamos abriendo surcos
desde dentro hacia fuera.

Una flecha que viaja por el interior de una diana:
para ella acertar consiste en encontrar la salida
(y solo tiene una oportunidad, un tiro):
para ella la diana es un laberinto.
Así que finge dormirse hasta que la salida,
que coincide con el centro (algo que sabe cualquier aspirante a místico),
pasa distraída por su lado.
Entonces sí:
se alza, se tensa y le dispara por la espalda.

Todo recién nacido lleva tatuado un laberinto y una diana
que la vida se encargará de ir haciendo visibles trazo a trazo.

Vivir es reparar los efectos de esa emboscada original que supuso
[la muerte del centro,
es hacerle un boca a boca al centro hasta que recobre la conciencia.

Pero el centro no es Dios (el centro no es el Centro) sino tú, yo,
[cualquiera de nosotros.

Cuando te tanteo en la oscuridad mis manos recorren las paredes
[del laberinto.

Y el modo en el que tus gemidos rebotan, se amplifican o se
                          [duermen por sus corredores
me enseña las dimensiones y el dibujo del laberinto.

Cuando me lames en la oscuridad una diana se pone a rodar
                                   [cadera abajo,
un blanco en movimiento al que solo puede acertar una flecha
                                           [perfectamente inmóvil.

Tus palabras son un líquido cálido:
al bucearlas me duermo.

Al hablar desenrollas los caminos del mundo para que yo los explore.
Cuando callas los vuelves a enrollar,
pero queda una tenue huella de cada uno de ellos gracias a la cual
                                                  [siempre puedo
reconstruir algunos.

Me has enseñado a ser peligroso para mí mismo e inofensivo para
                                                       [los demás.

Después de muchos abrazos no somos una pareja:
somos un atlas.

Si no fuera por lo que dices de mí,
y porque me llevas en tu interior como una madre al feto,
mi laberinto estaría en ruinas:

cascotes en vez de muros, montones de piedras en vez de elegantes
                                                    [revueltas, ratas
comedoras de ojos en vez de minotauros, polvo en suspensión en
                                                   [vez de corrientes de
aire fresco filtrándose por las grietas.

El cordón umbilical:
el hilo de la madeja.

Dejarse nacer en otro es un acto de fe, una locura.
Y también:
un pacto con el silencio que fuimos
para que no irrumpa en el silencio que seremos.

Solo soy una sombra proyectada en la pared:
existo porque tú eres cuerpo y bombilla.
Existo porque nada se interpone entre nosotros.

Tus fluidos me escriben, me dibujan el modo de salir:
he de beberlos para que tengan sentido.

III

Algo dice de mí
la labor del orfebre,
el arco iris doble, los anzuelos,

las diecisiete formas que tiene el esquimal de nombrar a la nieve
y el tibetano a la conciencia,

los pechos comparados con cúpulas o cántaros,

la barra de los bares, las películas,
los cables de la luz parcelando el paisaje,
las etimologías inventadas,
la tala de las selvas, las bombas nucleares,

la estupidez, el odio, las mentiras,
el mal gusto, el dolor, las equivocaciones,
las hambrunas, las guerras,

el asombro, el camino, la retama,
la piedad, la emoción, la fiebre de un bebé,
el aguardiente, el sol, la desmemoria,
los delfines, el saxo.

(Algo dice de mí cada ser, cada cosa
que ocurre, todo dice
un aspecto de mí
         y lo señala,

y quiere despertarlo y que yo aprenda
a llegar hasta el nido donde incuba sus ojos,

y me invita a probarme
                    esos ojos,
a mirar de otro modo lo que soy).

Algo dice de mí
el ruido, el brutal ruido
que hace casi imposible escuchar lo que dicen
de mí las cataratas o el silencio.

IV

Lo que dices de mí
me posee a horcajadas detrás de unos arbustos.

Lo que dices de mí
me aprieta la cintura en medio del océano.

Lo que dices de mí
me araña de los muslos a la nuca
mientras un elefante nos transporta en la selva.

Lo que dices de mí
me saliva la oreja en un vagón.

Lo que dices de mí
me embadurna de aceites aromáticos
dentro de un telescopio enfocado a Saturno.

Lo que dices de mí
mordisquea mi sexo en la estela de un barco.

Lo que dices de mí
jadea en una mesa de un albergue.

Lo que dices de mí
se bebe mi sudor
en el escaparate de una agencia de viajes.

Lo que dices de mí
tapona con su lengua mi ombligo en una tundra.

Lo que dices de mí
se toca los pezones más allá del espejo.

Lo que dices de mí
dilata su vagina en el arcén
de una autopista en obras.

Lo que dices de mí
grita en un diccionario abierto por la «a».

Lo que dices de mí
se arquea hasta romperse en una alcantarilla.

Lo que dices de mí
me eriza en una lámpara.

Lo que dices de mí
me da masajes rápidos y suaves
en la fuente de un río.

Lo que dices de mí
te besa las axilas en el filo de un hacha.

Lo que dices de mí
acaricia tu pubis en una enredadera.

Lo que dices de mí
desoculta tu clítoris en un alto trapecio.

Lo que dices de mí
me gira y me retuerce en un vaso de vino.

Lo que dices de mí
olfatea mi semen dentro de un espejismo.

Lo que dices de mí
se pellizca la piel en un frutero.

Lo que dices de mí
pone un índice mío detrás y otro delante
en un viejo astrolabio.

Lo que dices de mí
pierde el conocimiento en un poema.

V

Todo lo que decimos inaugura distancia, / estructura de modo distinto lo que somos / y nuestra relación con lo que existe, / cambia de decorado y cambia de guion, / modifica el sentido de las leyes / y nos hace asumir actitudes y fines / que antes ni siquiera imaginábamos.

Por eso las palabras nos escriben, / es decir, nos tornean, nos labran nos dibujan. / Para ser más exactos: las palabras, / lejos de ser pasivos instrumentos / en nuestras manos, son gigantas poderosas / (desde aquí puedo ver el grosor de sus músculos, / sus ojos inyectados, la determinación / que demuestran sus gestos) que nos usan / como materia prima para hacerse sus casas.

Las palabras nos hablan, las palabras / nos habitan. Por eso decir lo que nos dice (o hablar lo que nos habla, callar lo que nos calla, / escribir lo que escribe nuestra vida) / es mucho más que un acto / de aceptación de la existencia; es / poner una semilla en la palabra / para que diga lo que somos; es / seducir la palabra y penetrarla / para que nos alumbre y nos lleve a su casa: / y nos lleve a una casa que es la nuestra.

Frente a todos aquellos / que están donde no están y no están donde están, / frente a todos aquellos que al vivir / en una casa ajena en realidad / habitan una cárcel, / la poesía y el amor nos hacen / libres para elegir una casa y un mundo / y nos dejan abiertos para ser elegidos / por la casa y el mundo que elegimos.

Y cuando afirmo «todo lo que decimos» quiero / decir lo que decimos con sentido: / aquello que se dice por medio de nosotros / (la poesía y el amor, la luz / y los bosques y el mar, la nada y el olvido...), / aquello que bautiza las medidas del mundo / (rediseña la planta de la casa), / aquello que le da al mundo otra apariencia / sin por ello impedir que siga intacto, / aquello, en fin, que afirma lo que es / en vez de destrozarlo, de ignorarlo, / de pasar a su lado con los ojos borrándose.

**VI**

Lo que dices de mí me obliga a contestarte,
lo que digo de ti te obliga a contestarme:

de tanto tú venir hasta mi casa,
de tanto yo acudir hasta la tuya

se va abriendo un camino.

Se va abriendo un camino
que recoge tus huellas y las mías
y las cura y las mima y les da de comer
y cuando ya están fuertes y seguras de sí
las lleva a la espesura
y las instruye bien hasta que aprenden
a no necesitarnos para abrir un camino.

Se va abriendo un camino que nos anda
y dice lo que dices y dice lo que digo.

Y cada vez son más: un millón de caminos
(un millón de palabras, un millón de silencios):

el mapa de una historia que al vivirla nos vive.

Un mapa que exploramos para que nos explore:
dos territorios anchos como el cielo y la tierra
que se buscan, se abrazan, se respiran,
se logran vehementes, se confunden,
se duermen enlazados.

Un mapa que estudiamos para que nos estudie

(piratas codiciosos interpretando signos)

porque ambos escondemos un tesoro
que el otro ansía tanto descubrir.

Lo que dices de mí

es un collar de huellas,

y un vestido de huellas,

y un cinturón de huellas,

y pendientes de huellas,

y sandalias de huellas.

Lo que dices de mí

es un reloj de huellas

que al consultarlo anuncia
la hora en punto de la eternidad.

Lo que dices de mí
son monedas de huellas que debo devolverte
como mar, como río, como lluvia,
como dardo de agua estallando en tu boca,
como dardo de lágrimas acertando en tu boca,
como dardo de nieve acallando tu boca.

Lo que dices de mí
le abre los ojos al camino
que va desde tu casa hasta mi casa.

Lo que dices de mí me lleva a donde estás

(una parte de mí que se queda contigo,
otra parte de mí que se marcha a tu lado)

y me aloja en su casa y me llena de huellas
que un río fugitivo borrará turbulento.

Lo que dices de mí
pone un mapa en mis manos,
me empuja con dulzura
y me pone en camino en un camino.

Segunda parte

estábamos ahí detrás del seto
hendidos a buril en la espesura

estábamos ahí abrazados e inmóviles
a salvo de los perros de la casa

estábamos ahí
como piedras talladas por el canto del búho
como agua detenida por el canto del liquen
como raíz medicinal que aguardase a una enferma

estábamos ahí tras los arbustos
a salvo del bullicio feliz de las palabras
lo que dices de mí lo que digo de ti
las palabras que dicen
*pon la cena el columpio chirría que se laven las manos*
*he encontrado ese vino que te gusta*

estábamos ahí
sin las palabras
hundidos en la noche como huella en el barro
abrazados e inmóviles como el rayo en el tronco
a salvo del Estar y del Ahí
perros que muerden al extraño que salta el muro de la casa

estábamos ahí detrás del seto
como un poco de lluvia secándose en la cuerda de la ropa
besándonos despacio para parar el río
buscándonos despacio viviéndonos despacio
para parar el hielo y el deshielo
para parar las nubes y las águilas
para entrar muy despacio al cuarto donde duermen las preguntas
para salir del tiempo sin salir de nosotros

estábamos ahí
sin arcos de palabras sin flechas de palabras
desarmados y solos como el óxido que baja por la verja
sin cepos de palabras sin lazos de palabras
sin tirachinas de palabras
abrazados e inmóviles como briznas de un nido
como una mariposa en el cuerno de un toro
como un cadete muerto en su trinchera
a salvo del Decir y del Nosotros
emboscados y tristes
lamiéndonos despacio desde nunca hacia nunca
pulsándonos despacio como a un violín los cambios de humedad
cerrándonos despacio las madrigueras del deseo
mientras ladran los canes y olfatean
mientras ladra el Decir ladra el Nosotros
mientras ladran a coro las palabras
lo que dices de mí lo que digo de ti
*ayúdame a peinarme la leche no está fresca*
*gracias por el jersey gracias por tu sonrisa*
*hoy te toca fregar y a mí las camas*
*ayer no te acordaste de recoger las fotos*
*se han mustiado las rosas pero no los geranios*

estábamos ahí
sembrándonos semillas de dedos y de bocas
la pepita el carozo las costillas los tarsos
sembrándonos el árbol de los huesos
arrojando caricias como grano en el surco
arándonos a espaldas de los bueyes pesados del Espíritu

estábamos ahí detrás del seto
no en silencio pues este mana de las palabras
cercados por hurones por babosas

por pistilos y abejas por el viento y un trozo de papel
no en silencio pues este se calla en las palabras
el silencio se calla dentro de las palabras
a salvo del Estar y del Ahí
que se llenan la panza con todas tus palabras y las mías
palabras como pienso que trituran sus dientes
montones de palabras que les mantienen vivos y excitados
palabras recogidas en platos de silencio
que les hacen saltar mancharte con sus patas aullar a los de afuera
palabras que alimentan la exclusión

estábamos ahí tras los arbustos
como tréboles setas coccinelas
como asteroides recién precipitados del olvido
como el tallo espinoso de la nada
como torpes alumnos del sauce y la colina
como luz rebotando de tu cuerpo a mi cuerpo de pared a pared
quitándonos despacio los ladrillos
quitándonos ladrillos uno al otro para poner un claro del bosque
[entre los dos
atesorando fórmulas para el tiempo del caos

estábamos ahí
esculpiendo la luz en la espesura

estábamos ahí detrás del seto
como ladrones sin Historia
ladrones con las manos vacías de vacío
ladrones sin ganzúas ni linternas sin guantes ni cronómetros
sin pólvora o futuro sin presente
o cortafrío
ladrones sin sintaxis ni pistolas
plantados en un robo como en una maceta

plantados en el plano de una casa como alfileres en un corcho
plantados en el antes y el después como una jabalina lanzada
                                    [contra un ñú

estábamos ahí
soldados a la noche como planchas de un barco a la deriva
sorbiéndonos y siendo sorbidos por los líquidos
fantasma naufragando en un fantasma

estábamos ahí
entre el bosque y la casa
tras el seto
a salvo del Decir que rompe el espinazo de los gatos
a salvo del Estar que acorrala a los topos
a salvo del Nosotros que acecha a los gorriones
a salvo del Ahí que gruñe al visitante
a salvo del desfile de palabras que aplastan tulipanes y magnolias
lo que dices de mí lo que digo de ti
*barnizar las persianas me llevará una tarde por lo menos*
*el paquete de harina me recuerda a tu amigo*
*me esconderé en el gel cuando te duches*
*te vi en mi pesadilla con treinta y dos cabezas de lechuga*
*haz copia de esta llave haz copia de tu lengua*

estábamos ahí
abrazados e inmóviles como raíles a la tierra
como una copa al agua que derrama
desmigajados como para un cuervo
desorientados como brújula prendida de un imán
abrazado e inmóviles como el humo y los troncos
como el mirlo y sus trinos
como el tren y el temblor y el pasajero

estábamos ahí tras los arbustos
no escuchando las risas ni los discos ni los coches frenando al llegar
[a la curva
no mirando los globos de colores
no oliendo las galletas horneándose
a salvo del Nosotros anfitrión de una fiesta
a salvo del Decir malabarista
a salvo del Estar que sirve canapés
a salvo del Ahí que guarda los abrigos
abrazados e inmóviles como nutrias de agua
como milanos de aire
como arcilla en la piel del alfarero
no sintiendo el relente que empapa las hamacas y los toldos y riza
[los cabellos de los que bailan en el porche
no atendiendo al silencio de todas las palabras
lo que dices de mí lo que digo de ti
*nos vamos a tu casa/ lo siento, eres mi tipo / pues más a mi favor/ es*
   *que jamás me acuesto con hombres que me gustan estropea las*
   *cosas cuando todo termina / estoy a tiempo aún de no gustarte si*
   *me das media hora / es tarde para el tiempo y es tarde para ti ya me*
   *gustas muchísimo / soy horrible lo juro*
*para mí una ginebra yo seguiré con blanco*
*me han hablado de ti me han dicho que eres dulce y optimista*
*el dinero ya sabes solo sirve a la nada mientras más menos eres*
*he dejado las niñas a mi primo*

estábamos ahí
abrazados e inmóviles
inocupados como los bancos de una plaza un día de tormenta
desiertos como el iris de un cervatillo muerto
desposeídos como una cantera de reptiles
inobservados como las tejas de una torre
a salvo del Abrazo y de lo Inmóvil

esos perros rabiosos que atacan a sus dueños
a salvo el Abrazo que le ofrece tus ojos a los pulpos cuando intentas
                              [salvar al que se ahoga
a salvo de lo Inmóvil que transforma este punto en una cárcel

estábamos ahí
entre el bosque y la casa
dilucidados por el canto de un bosque y una casa
dilucidados por el humus las brácteas las mantis religiosas
dilucidados por el canto de ventanas y puertas
abiertos al sentido abiertos los sentidos
penetrando en lo otro que no es otro
cayendo hacia lo otro desde un puente pintado sobre el agua
cruzando a la otra orilla sobre balsa de espejos
dilucidados por el canto que salva de lo Otro
dilucidados por el canto que nos salva del Entre

estábamos ahí tras los arbustos
ausentes de la punta de una lanza que viaja por nosotros como un
                              [escarabajo por el hueco de un árbol
la punta de una lanza que no gobierna ya ni el asa ni la elíptica de
                                                   [un tiro
ausentes del galápago que desova en la playa
ausentes de las fresas y del muérdago
más allá del Decir y del Nosotros
más allá de las fresas comparadas con labios
y más allá del muérdago que desvela los símbolos
ausentes y presentes como el cielo reflejado en un lago
lo que dices de mí lo que digo de ti
*le pondría una pizca de salvia y de tomillo*
*el dolor no me sirve para entender los nardos*
*esa novela es buena pero mejor que la olvidemos*
*no descuides tu tierna hipocresía cuando te lo presente*

estábamos ahí
hendidos a buril en la espesura
hendidos a buril por el vacío
una fragua encendida en la espesura
un taller de escultor con lascas de vacío
dos cuerpos que se cruzan en la fronda como huellas de zorro
                                  [con huellas de gineta
cuerpos que en vez de manos tienen cambios de agujas
cuerpos que en vez de cuerpos son minas de antracita
hendidos muy despacio con golpes de vacío
borrados por el canto del murete por el canto de la cancela por
                                  [el canto del chumbo
cuerpos o vagonetas herrados al vacío
cuerpos para una estatua del vacío

estábamos ahí
barriendo la hojarasca del antes y el después para quemarla en
                                  [nuestro sexo
desocultados como un salto de jaguar hacia una iguana pero
                                  [ocultados como iguana en una poza
desocultados y ocultados como la palabra en el canto

estábamos ahí tras los arbustos
velando nuestro estar dormidos como espigas dormidos como
                                  [calabazas dormidos como peras en un árbol
velando la respiración de la cosa en la cosa y del cuerpo en el
                                  [cuerpo
velando el transcurrir del tiempo deteniéndose en el tiempo
atentos al hidrógeno que avanza por la savia
atentos al arroz que avanza por el humedal
cuidando las raíces de la noche las raíces que sanan a la enferma

estábamos ahí detrás del seto

a salvo del Decir y del Nosotros
lo que dices de mí lo que digo de ti
*me sentiré culpable de nuestro Apocalipsis*
*atrácala a la carta / sitar gratis / sé de crema mercedes / reconocer /*
[*radar*
*la tenía en mis menos y la echaba de manos*
*las alarmas no sirven si es un profesional el que te besa*
*tanto pan de centeno y luego los bombones*
*y bájame la cremallera sin exiliar tu boca de mi nuca sin que levante*
  [*el vuelo tu mano del pezón sin que abandone el monte de mis*
      [*nalgas tu cintura rebelde alzada en armas*
*si la amnesia es un don sé entonces mi accidente*
*crocanti y leche condensada una hora a fuego lento y está listo*

estábamos ahí tras los arbustos
orinados por hadas y unicornios
orinados por la velocidad por la imaginación por las metáforas
empapados de olor pero inmutables como el musgo o la esquina
como el tocón o el grifo que surte a la manguera
manchados por la orina del lenguaje
orinados por todas las palabras que después de aliviarse se olvidan
                    [de nosotros
manchados de silencio
manchados por las heces y la nada
orinados por gnomos y por sílfides por hidras y por monstruos
orinados por máscaras y voces
orinados por Ti y por Mí por el Entre y el Ser por Ahora y por Nunca

estábamos ahí
desmigajados como para un pez

estábamos ahí detrás del seto
viviéndonos despacio para burlar la Vida

durmiendo a las preguntas para salir del tiempo sin salir de
[nosotros

estábamos ahí tras los arbustos
desgajados de todas las palabras
lo que dices de mí lo que digo de ti

estábamos ahí
detrás de los arbustos
o tras el seto
abrazados e inmóviles
como raíz medicinal en manos de una enferma
a salvo de los perros de la casa
esperando
esperando
esperando el poema

# Heridas

(2004)

Quizás no sea en realidad amor cuando digo que eres para mí lo más amado; amor es cuando digo que eres el cuchillo con que escarbo mis heridas.

Kafka

Los tiburones no solo se mordían ferozmente las vísceras colgantes unos a otros, sino que se doblaban como arcos flexibles y se mordían a sí mismos, de modo que al fin esas entrañas parecían tragadas una y otra vez por la misma boca para ser arrojadas por la herida abierta en el lado opuesto.

Melville

Entonces Cambises mandó que lo abrieran y que inspeccionaran la herida. Y se le encontró la flecha en el corazón.

Heródoto

**Heridas**

I

Lanceoladas. Oblongas. Espirales.
Arborescentes. Oceladas.

Se van probando formas en mi piel,
se van probando el mundo
en mis ojos y brazos, en mi luz, en mis sueños.

En raspaduras. En jirones.
A bocados.
        El mapa
de mis montañas y mis ríos:
                    yo.

## II

Las miro.
Pongo mis dedos dentro.
Las interrogo.

Espero a gangrenarme
para que así me acepten en sus bordes.
Me agusano. Me pudro.

Me miran.
Ponen sus dedos fuera.
Me interrogan.

**III**

La sangre estrangulada
por esa cicatriz.

Con la uña la arranco.

**IV**

El cazamariposas del dolor.

v

Son
aunque si duelen es porque no son

el antes del puñal
o el después de la venda:

duelen desde el ayer, desde el mañana,
duelen desde la mano que las puso
a germinar en el presente.

**VI**

Luciérnagas
descuartizadas en la noche:

aullido de la luz.

**VII**

Borbotones alegres de la nada.

## VIII

Un hierro al rojo. El hilo.
El alcohol. Un torniquete. Un trapo.

¿Tus ojos?
        ¿Tú?

IX

Escarificaciones:

por ellas
te reconoceré
cuando te olvide.

x

Escarificaciones:

por ellas
me reconoceré
cuando me olvides.

## XI

Cuando cierro los ojos
se cambian de lugar,

pero yo,
abrumado y sonámbulo,
las trato en el que estaban.

Ellas viajan por mí como un tren por la estepa.
Yo estoy paralizado en el dolor.

**XII**

Tienen luz propia.

Desde el cielo parezco una ciudad.

**XIII**

La piel se llena de preguntas
que de pronto ya nadie te quiere responder.

Eso quema.

## XIV

Desmayarse. Gritar.
Dar golpes en el suelo.
Morderse el labio.
Aferrarse a otra mano
como un bebé a la teta.

Espantar a la muerte,
esa tortuga que desova
en los huecos salados
                    que
                            abre el sufrimiento
y luego vuelve al mar.

Te cortan la hemorragia.
Te inyectan un calmante.
Te acunan y te mesan el cabello.

Y creen que deliras cuando ruegas
que borren de tu cuerpo
las huellas de tortuga.

## XV

Las que viven adentro
darían lo que fuera por salir
y las superficiales por hundirse:

que al alma la trataran como a un cuerpo
y al cuerpo lo olvidaran en el hueco de un árbol.

Entonces
se curarían sin nosotros,
ajenas a una historia,
a un rostro,
           a una pasión.

Esas se curarían tan perfectas
que nunca habrían existido.

**XVI**

Heridas que se curan solas:

mi utopía.

## Por qué

Por qué.

Dime por qué me abriste esas cavernas,
esos bostezos de hipopótamo

si me amabas.

Por qué me desarmaste
con caricias, promesas y milagros
y me invitaste al juego
de la luna, las velas, la mina y los caminos.

Por qué
si, apenas desarmado,
me clavaste alfileres en los ojos,
me desollaste lenta,
me aplastaste los huesos
usando ese almirez que llamas corazón

si me amabas.

Por qué,
si me amabas,
dejas que me desangre solo
y a merced de voraces sentimientos-hormiga,
solo como un planeta estallando en el tiempo,
solo como el cadáver de una espiral estrangulada con alambre
                                      [de espinos.

Por qué.

Por qué me desarmaste
si pensabas matarme aunque me amabas.

Por qué tantas heridas,
esas bocas de pozo, esos volcanes tristes,
por qué tantas heridas

si me amabas.

Por qué me desnudaste
con sonrisas, con manos, con música, con luces,
con licores y especias, con la tierra y la luna,
por qué me desnudaste
y me invitaste al sueño real de nuestra vida
para luego dormirme de un hachazo infinito

si me amabas.

Dime por qué me desarmaste con mentiras
que me dejaron indefenso
ante tu amor borroso y sanguinario

si me amabas.

Dime por qué me amabas
sin valor para amarme

y me sacrificaste en un altar al que accedí engañado
pensando que era el tiempo y la alegría
y que eras tú con los brazos abiertos.

(Yo, que fui confiado a nuestro amor
como un fuego a sus llamas,

como un mar a sus olas,
que me entregué a tu entrega
y dormí al centinela que vigila
la entrada al corazón,
me vi de pronto muerto de una muerte
que aullaba con mi voz que era la tuya.

Si me amabas

por qué.

Dime por qué me amabas si me amabas
sin valor para amarme
como el monte a sus rocas,
como el sol a su luz.)

Dime por qué me amabas si me amabas
para acabarme así, de cualquier modo,
permitiendo que me desangre
en un lugar oscuro
mientras tiemblo y sollozo y me asfixio despacio
y a tientas
           cuando tú
no me sientes, ya no,
y por eso no sabes lo solo que estoy muerto.

Si me amabas

por qué.

Dime por qué me amabas si me amabas.

# Mendigo

> No debes mendigar tu alimento para comerlo, sino para recibir los alimentos que los demás te dan. Deberías recibirlo sin pensar que hay alguien que recibe, alguien que da o algo dado o recibido.
>
> VIMALAKIRTI

I

Si no te pido nada.

O sí:
que dejes intocada mi intemperie.

II

Monedas de vacío
para comprar la muerte

antes de que la muerte
me compre en la subasta.

**III**

No me quites el sol.

¿Acaso tú sabrías cómo hablarle?

**IV**

Tú eres mi enfermedad.
Tú eres el hambre de mis hijos.
Tú eres mi no trabajo.
Tú eres mi compañera triste.
Tú eres el frío y el calor.

Cualquier cosa no tuya bastará
para salvarnos.

**v**

Por esta calle nunca pasa nadie.

Me haré rico.

**VI**

Harapos.
          Suciedad.

Me duelen las rodillas.

Espero una limosna verdadera:
que alguien me cambie el sitio.

**VII**

¡Esa mosca, esa mosca!

Ah no,
       que era una mano
arrojándome tiempo en calderilla.


Siempre igual:
me dan lo que ya tengo.

**VIII**

El mendrugo y el vino peleón:

el cubo de basura es más humano
que los hombres.

IX

En el portal:

las palabras de amor de los cartones.

x

Dos granitos de arroz
se alimentan de mí.

¿Se quedarán con hambre?

**XI**

El cuenco entre nosotros:

el pozo donde el tengo
se ahoga en el no tengo.

## XII

Esa palabra rota,
la que vas a tirar,
dámela a mí:

        yo puedo
coserla al corazón de las palomas.

**XIII**

No me ves cuando pasas a mi lado.

Tu ceguera es mi pan.

XIV

El aguacero.

Dos gatitos maúllan.

Toldo de plásticos.

XV

Llegar al vertedero
con la sonrisa limpia

como un escalador
                a una cumbre nevada

y rebuscar, para el descenso,
los pasos y el oxígeno desechados por otros,
la muerte usada.

XVI

Me está grande el jersey.
Me están pequeños los zapatos.

Ni yo soy de mi talla.

XVII

Chabolas:

hechas de lo que sobra.

Hechas en lo que sobra.

Sobras de nuestras sobras.

Alzarlas y esperar
a que el fuego o la lluvia
las apuntalen y embellezcan
como palacios
mordidos por la nada.

**XVIII**

Chabolas:

graneros de la nada.

**XIX**

La fiebre pone
su manita en mi frente

y me receta globos y cometas.

## XX

Alguien me va a pegar
mientras esté dormido.

Pobres piedras y palos,
                      pobres navajas,
                                      pobres
cadenas y mecheros:

perderán su inocencia
golpeando al vacío.

**XXI**

No me des lo que es tuyo.
¿Para qué lo querría
             quien no cree en el Yo?

No me des tu cadáver.
¿Para qué lo querría
             quien no cree en la Muerte?

Que el dar se dé
             por medio de tu mano.

**XXII**

La niña.
           El charco.

Un barco de papel.

El sol se para.

**XXIII**

Esa mujer que pasa sin fijarse.

Pero su abrigo rojo
                   desanuda un botón
que rueda hasta pararse junto a mí.

¡Lo entiendo todo!

**XXIV**

Mi propia
        hambre inatendida:

cuando duermo una rata
sale de mí
y me lame los labios
              en busca de miguitas
de pan o leche seca.

## Fragmentos del diario del polizón

Subir a bordo no fue difícil. No utilicé la escalerilla, ni gusaneé por la maroma, ni rompí un ojo de buey, ni me oculté en uno de los contenedores de la carga... No estoy tan desesperado como para confiar en las cosas. Cuando coincidí en una de las tabernas del puerto con el capitán esperé a que este, ebrio y desfeliz y locuaz como un tifón ya viejo, contara una de sus historias. Entonces me acurruqué entre dos frases: me encajé a presión entre sucesos de la vida y los viajes de otro.

Mi corazón borbotea por miedo a que me descubran en medio de palabras extrañas que nos entrevén con desconfianza. Pero, por ahora, no pueden dar la voz de alarma porque se han quedado mudas. Son guardianas fuera de servicio, tripulación olvidada que sestea en los camastros atornillados de un compartimento maloliente de la sentina. Procuro no moverme, hacerme insignificante e invisible: como un acento, como una chinche en las mantas, como el cabeceo del barco, como la tos de los motores.

Escucho risas, el tintineo de unos vasos, canciones rudas. Sin poder estirar los miembros, con la circulación de la sangre estrangulada (viajera asaltada por la noche en un camino o joven suicida por motivos amorosos), me imagino dando largos paseos por esas canciones, buceando en los licores, estallando en sus risas.

El chirrido al abrirse y el estruendo al cerrarse de una escotilla me han despertado. Soñaba que era un salvavidas pudriéndose en una playa desierta. El sueño no era más que eso: la acción del tiempo sobre el salvavidas: los microorganismos, las estaciones, los picotazos y el guano de las aves, la sal. El nombre rotulado sobre mí ya se había borrado pero aún estaba muy lejos de la nada.

El hambre y la sed empiezan a hacerme preguntas para las cuales solo hay una respuesta: no. Como no tengo fuerzas para pronunciarla, insisten, me acucian desde sus borrosos y merodeadores ojos de rata, se instalan en mi cabeza como tambores golpeados por el granizo.

Si al capitán se le ocurriese repetir la historia en la que me he agazapado, al caer yo, un ovillo raído desenrollándose de pronto por el corredor de su nostalgia, el asombro y la rabia que sentiría al hallarme (y el posterior castigo que sin duda me infligiría: los grilletes, los tiburones, el látigo, el embudo, la horca...) no serían nada comparados con el hueco que mi presencia habría abierto en sus recuerdos. El vacío, que navega de polizón en el seno de ese otro polizón que soy yo, pero que no es tan pusilánime, caería sobre él y le aplastaría. Si el capitán me descubriera ambos estaríamos perdidos.

No sé a dónde nos dirigimos ni me importa. Elegí este destino al azar porque, en el fondo, todos los destinos son el mismo para un polizón: borrarse, desaparecer de la vista, tacharse sin renunciar a ser. Un polizón no piensa en los lugares sino en el gesto que los obliga a desvanecerse. Un polizón se encoge y se deja desllevar, literalmente, a donde sea. Donde sea: el único punto en el que un polizón no teme que le sorprendan.

Todos nos hemos quedado en silencio. Quizás un albatros gigante nos tenga en su buche y esté decidiendo si tragarnos o no. Quizás un mäelstrom de piedra nos esté digiriendo. Quizás las anclas, amotinadas, nos hayan abandonado en un islote. Da igual. Por fin podré descansar un poco.

## El náufrago rescatado

> La vida es en sí misma y siempre un naufragio. Naufragar no es ahogarse. El pobre humano, sintiendo que se sumerge en el abismo, agita los brazos para mantenerse a flote. Esa agitación de los brazos con que reacciona ante su propia perdición, es la cultura –un movimiento natatorio–. Cuando la cultura no es más que eso, cumple su sentido y el humano asciende sobre su propio abismo. Pero diez siglos de continuidad cultural traen consigo, entre no pocas ventajas, el gran inconveniente de que el hombre se cree seguro, pierde la emoción del naufragio y su cultura se va cargando de obra parasitaria y linfática. Por esto tiene que sobrevenir alguna discontinuidad que renueve en el hombre la sensación de perdimiento, substancia de su vida. Es preciso que fallen en torno a él todos los instrumentos flotadores, que no encuentre nada a que agarrarse. Entonces sus brazos volverán a agitarse salvadoramente.
>
> La conciencia del naufragio, al ser la verdad de la vida, es ya la salvación. Por eso yo no creo más que en los pensamientos de los náufragos. Es preciso citar a los clásicos ante un tribunal de náufragos para que allí respondan ciertas preguntas perentorias que se refieren a la vida auténtica.
>
> Ortega y Gasset

contra la simplificación, contra la desmemoria (y a favor del olvido), contra el estrechamiento, contra la pertenencia,

contra la crítica utilizada como un cuerpo especial de desactivación de explosivos al servicio (consciente o inconscientemente) de los poderes,

contra la prosperidad colectiva lograda a costa de la miseria individual,

contra la humillación, contra la irrelevancia, contra el ruido, contra la realidad empobrecida y torturada de los telediarios y la política, contra el imaginario que nos condena a aspirar a únicamente dos o tres modelos de felicidad,

contra la retórica banalizadora, contra las certidumbres, contra el relleno y el atropello de los espacios vacíos, contra la pureza,

contra el falso paternalismo que busca la foto y no la comprensión y el diálogo (que da sin buscar nada a cambio y sin poner en duda sus creencias),

contra la mediocridad como motor de la historia,

contra el orden, contra la tranquilidad, contra la pérdida de densidad, contra la inmunización, contra la domesticación, contra las zonas de exclusión, contra la deshumanización,

contra la teología como bricolage y como aduana (y a favor del misterio y del contrabando),

contra los que fingen ser víctimas y son de hecho verdugos,

contra la apatía y la no participación, contra la acefalia, contra las mayúsculas, contra las cárceles, contra el fundamentalismo, contra la multiplicación asignificativa,

contra el yo como agente provocador infiltrado en uno mismo con el fin de reducirle a lo que diga un informe,

contra la versión oficial,
necesidad de una crítica del salvavidas (o crítica de la razón salvífica),

y de una crítica de la razón ensambladora,

y de una crítica de la razón jerarquizadora,

y de una crítica de la razón institucional,

porque no se pueden dictar normas desde arriba sino solo desde abajo, desde lo más profundo, desde la arena de las simas y desde las cuevas del fondo de los océanos,

y si no salen palabras sino burbujas, bueno, eso habremos ganado: las burbujas nos obligarán a inventarnos una nueva sintaxis sin pasado sangriento y, por lo tanto, esperanzadora,

el artista como vía de agua: contra los fontaneros,

el barco aparentemente seguro y acogedor esconde peligrosísimas hélices ansiosas de partir en dos a los náufragos,

una variante especialmente interesante del náufrago: el tragado por una ballena; desde Jonás hasta Pinocho pasando por, entre otros, J. Barnes y M. Rodoreda,

Defoe y Golding, Robinson y Martin: los cuatro puntos cardinales del náufrago,

el santo hindú que se arrojó maniatado al agua para morir ahogado pero fue mansamente depositado en la orilla porque nada (ni el agua, ni los peces, ni las rocas afiladas que sobresalían) querían ser cómplices en la muerte de un hombre-dios,

Jesús sobre las aguas en el lago Tiberíades, que muestra que los elementos naturales estarán siempre de parte de los que tienen el corazón puro, *y el mar no existe ya* (Apocalipsis, 21,1):

el Fin del Mundo es, en todas las tradiciones, un mito inventado contra los náufragos,

*solo como náufrago he viajado felizmente por el mar* (Zenón de Citio),

*a los hijos solo había que darles aquello que se salvaría en caso de naufragio* (Vitruvio sobre Aristipo),

*el nacimiento del hombre es como un naufragio. La naturaleza proyecta al niño desde el vientre de la madre al litoral de la luz igual que el navegante es arrojado a la orilla por las furiosas olas* (Epicuro),

nadie pierde la vida naufragando ya que el naufragio es, de hecho, el presupuesto existencial que diferencia a los vivos de los que no lo están,

el náufrago denuncia a la tierra firme como responsable de un exceso de estabilidad a causa de la cual los seres humanos confiamos más en verdades sólidas como bloques de granito en vez de en verdades buceables, profundas, cambiantes y experimentables con todo el cuerpo,

el náufrago reclama el derecho a medirse con los elementos naturales sin que nadie ni nada se lo impida alegando principios que le atienden como abstracción y no como individuo,

el náufrago, en consecuencia, no quiere que nadie le rescate sin su consentimiento, sobre todo si quienes pretenden hacerlo están, más o menos solapadamente, al servicio de los poderes, el náufrago no quiere discutir de política en despachos con aire acondicionado y canapés, porque ya sabe qué clase de decisiones se toman en esas condiciones contra los que nos las disfrutan, sino con el agua al cuello, sin hacer pie, con la resaca haciendo de las suyas, con tiburones rondando, y la noche y la borrasca aproximándose del brazo aullando una canción de borrachos,

el náufrago se considera un resistente, un emboscado, un apátrida, un contrabandista, un fugitivo, un heterodoxo, un superviviente, un polizón, un desertor,

el náufrago invita a un arte atento más a las leyes de las corrientes marinas y las mareas que a las leyes del mercado,

el náufrago no cree en las ideologías pero sí en los símbolos, en la imaginación, en el amor, en la inteligencia,

el náufrago, como los niños, sabe dónde se encuentran las llaves: en el fondo del mar, matarile, lile, lile, en el fondo del mar, matarile, lile, lon,

una vía de agua es siempre más inteligente que el capitán de un barco,

la tierra firme nos obliga a pensar con nuestros pies, ese ir dando un paso detrás de otro que denominamos progreso,

*solo se hunde el que transporta grandes pesos* (Seferis),

los flotadores son una crítica a las profundidades y, por lo tanto, un instrumento al servicio de lo superficial en el peor sentido, las hélices de los transatlánticos de lujo son su cerebro inconfesado,

los icebergs son náufragos antiguos que buscan compañeros jóvenes a los que enseñar sus conocimientos milenarios,

las brújulas dan una apariencia de orden que no engañan al náufrago, ya que este sabe que no existen direcciones o, mejor, que todas se reducen a una: la pasión de seguir con vida en este punto concreto de los mares,

un náufrago se fía de sus pulmones más que de una carta de navegación,

un náufrago reconoce a otro náufrago por la elegancia con la que acepta la invitación de cada ola,

las simas marinas son los palacios de los náufragos,

un ahogado es un náufrago que realiza una crítica de la supervivencia como motor de la Historia (un náufrago que se ha resistido hasta la muerte a ser rescatado a la fuerza),

los ahogados se disuelven en el agua y, aunque luego aparezcan cabeceando contra un arrecife o flotando hinchados en la orilla, su biografía ya no la cuentan ellos sino los peces y las gaviotas devoraojos, devorabocas, devoradedos,

aunque los ahogados ya no tienen biografía porque se han convertido en paisaje, y su valor es el de las arenas del fondo, las medusas, los caballitos salados, los corales, las algas o las caracolas: quedarse al otro lado del espejo en el que nos miramos los seres humanos, el mar no recuerda el nombre de sus ahogados porque los ha incorporado al inquieto olvido universal que él simboliza, dispersando a manotazos ese enjambre de deseos que les constituye como vivos,

se ahogan peor los que saben nadar porque se ahogan dos veces: hacia arriba y hacia abajo, hacia el cielo al que claman y hacia las profundidades que tironean de sus tobillos, hacia el relato de su existencia y hacia el fin que lo interrumpe abruptamente,

Alfonsina Storni o Percy B. Shelley se ahogaron por todos nosotros.

**Peligroso. Homenaje a Cavafis**

A muchos el estudio
y la contemplación les vuelve débiles
—soldados que se apoyan en sus lanzas
para andar y no piensan ya nunca en el combate—,
sin resistencia —cráteras en mil pedazos rotas
por el simple portazo de un amante furioso—,
fanáticos —se ahogan porque olvidan
que el barco tiene velas y remos y un timón,
y no sienten el viento, el oleaje,
la voz de las estrellas gritándoles el rumbo—,
monstruosos —son hidras
de múltiples cabezas peligrosas
en un cuerpo que solo les sirve de soporte—,
inútiles —anegan
las viñas que debían regar—, injustos —son
balanzas amañadas en días de mercado—,
ciegos —si miran, solo lo hacen con los ojos.

A muchos el estudio y la contemplación
les hace analfabetos
y les aja los lotos de la carne.
Pero no a mí, que sé
—y es lo primero que aprendí— los saltos
que hay que dar del placer a la sabiduría,
qué abismos los separan al principio
—más tarde uno comprende que están enamorados
y les alza una choza de adobe en algún bosque—,
y me mantengo en forma y siempre alerta.

De un exceso a otro exceso, ese es el modo
de no perder el equilibrio: como

Alejandro, emprender
campañas temerariamente hermosas
y luchar contra Poros en la lejana India
y luego repasar los textos de Aristóteles
y un instante más tarde olvidarse desnudo
en otra piel desnuda y olvidada.

A muchos el estudio y la contemplación
no les sirve de nada
—son un compás sin uno de sus brazos—,
a muchos el placer les transforma en espíritus
que arrastran sus cadenas sin asustar a nadie
en casas derruidas.
Pero no a mí, que sé
las costumbres de todos los peligros
y cómo despistarles
cuando van de patrulla por mi vida.

## Oración por mis padres

Desde antes de nacer os amaba en los árboles
y en las vías del tren y en las ventanas.
Desde antes de nacer ya nací en vuestros ojos
que miraban las cosas
que yo también vería alguna vez:
los ríos y las casas, la oscuridad y el eco,
los pasos en un suelo de madera, la comida caliente,
el estremecimiento, la compasión, las risas.
Nací de vuestros ojos mirándose en los ojos de la vida.
De vuestra luz de estrella guiando al navegante que llegaría a ser.
De vuestra fe en el tiempo y los abrazos.
Desde antes de nacer os amaba en vosotros,
emboscado en vosotros, creciendo con vosotros:
ni semilla siquiera de futuro
pero sintiendo ya que me cuidabais como el aire a sus aves;
sin nombre todavía
aunque todas las cosas me nombraban ya a mí.
Qué feliz coincidencia la que me trajo al ser:
vuestros ojos cruzándose en un baile,
vuestras manos brotando en el humus regado del deseo,
vuestras palabras limpias construyendo un camino en el que yo
dejaría muy pronto mis huellas diminutas.
Qué feliz coincidencia estar aquí, ser esto, tener sitio.
Solo por eso os amaría
como un volcán al centro de la tierra,
como una ley a sus repeticiones,
como una cuna a su bebé dormido.
Nací, y fue para siempre, de vuestra alfarería,
del barro del azar y del amor
en el que moldeasteis mis piernas y mis sueños.
Os doy las gracias y también le doy las gracias al sentido

que dicta el crecimiento de las uñas
y el magma en espiral de las constelaciones.
Os doy las gracias por ponerme un pie
en el Origen y el otro en el Fin,
por hacerme misterio y recorrido y reflejo y distancia y este punto.
Os doy las gracias por haber creído en la difícil posibilidad
de que yo alguna vez leyera libros
o de que el vino rojo bajara por las suaves comisuras de mi amada
hasta mi lengua temblorosa
o de que comprendiera esa antigua verdad que enuncia un barco por
[un río.
Sin vosotros me hubiera perdido el Universo,
las ensaladas, los amigos, el otoño en el sur,
los cuentos de vampiras, el sexo en catarata,
los colores, la luz, el humor, los jerseys.
Sin vosotros no hubiera hallado ningún yo para vestirme
y estaría ambulando por la Nada,
un fantasma del No, un círculo intrazado, un vacío vacío.
Os doy las gracias por haberme rescatado del Nunca y del Jamás.
Y le pido a esta mesa
y a la sonrisa de esa niña que juega en el jardín
y al chillido del mono que me exige las sobras
y a la higuera feraz y a las ardillas
y a las nubes lentísimas que aplacan el ardor de mi mirada
y al bolígrafo azul y a la página en blanco
y a los cojines rojos y a los ventiladores:
le pido al mundo y a las cosas que
os cuiden a vosotros tan bien como vosotros me habéis cuidado a mí.
Que os cuiden con el mismo amor que ya os tenía
desde antes de nacer en vuestros ojos.

# Algunos haikus (o no) desde la nada

(2007)

1

Un gorrión muerto.
Las hormigas devoran
ojos y nubes.

2

Barco de tiza.
Lo borran las pisadas
del ahogado.

3

Miran al cielo.
Todavía tus huellas
en el camino.

4

Fragilidad:
cuando lloras te abrazan
todos los ríos.

5

Ya te has curado:
las abejas te pican
en el espejo.

6

Suena el teléfono.
En la casa vacía
crecen las plantas.

7

Gota de sangre.
Un globo en miniatura.
También la muerte.

8

Escarabajos.
Montoncitos de noche
en mi sendero.

9

Te reconozco:
con tus sandalias rojas
cruzas mi mente.

10

Un saltamontes
se pega a mi camisa.
Dejo de hablar.

11

La puerta abierta.
Se asoma una mangosta.
Pasas la página.

12

Se va la luz.
En el ventilador
cagan las moscas.

13

Con sus patitas
la cucaracha muerta
sostiene el cielo.

14

Salamanquesa.
La pared se detiene
para esperarla.

15

Me pides tiempo.
Mientras me como un mango
pasan los meses.

16

Hacen un puzzle.
La pieza que no encuentran
son ellos mismos.

17

Paraguas verde.
Debajo,
      una familia
cocina arroz.

18

¡Salta, ranita!
El escalón es grande
pero no existe.

19

Tormenta ciega.
Desnudo en la terraza
le doy mis ojos.

20

Pasa un cadáver
con las manos atadas.
El río sigue.

21

Escucho un ruido.
Una vaca en el cuarto
come naranjas.

22

Barnizo y pienso.
En la uña una astilla
me grita
           ¡elige!

23

Árbol caído.
Festín para las cabras.
Rayo-pastor.

24

La mariposa.
La escalera de mano.
Quién sube a quién.

25

La cobra duerme
enroscada en su cesta.
Sueña conmigo.

26

Un perro muerto.
Las moscas se preparan
para llevárselo.

27

En los letreros
de las calles
             erratas.
Pienso en nosotros.

28

Me lame el pelo.
Por la noche lo aceito
para mi rata.

29

Hilan los saris
en la calle con cerdos.
Basura y seda.

30

Camisa rota.
Se abanica y bosteza.
Vende presente.

31

No es metafísica.
Lo que piensa la percha
en ella acaba.

32

La araña tiembla:
trepan los azulejos
y la acorralan.

33

En el cemento
la huella de una mano.
¿Tuya?
        ¡Pruébatela!

34

Impermanencia:
cada día te olvido
de una manera.

35

En la nevera
he guardado tu foto.
Y ya no enfría.

36

Limpiando el polvo.
Limpiando mil metáforas
y no lo sabe.

37

Cierro una puerta
que no ha existido nunca.
¡Me pillo un dedo!

38

En el astrólogo.
Los planetas me leen
el pensamiento.

39

Se duerme un perro
sobre mis pies descalzos.
Felicidad.

40

Su cumpleaños.
El viejo mira al techo.
Ríe entre dientes.

41

Quita el reloj
de la pared
     y deja
en ella el tiempo.

42

Mesa sin sillas.
Una mujer con lágrimas
se apoya en ella.

43

Vaso de plástico:
se asusta ante el calor,
no entiende el frío.

44

La casa en obras.
Sombras de una linterna.
Cantas bajito.

45

Pastan caballos.
En tus pupilas grandes,
hierba y arroyos.

46

Labio inferior.
Si lo muerdo tus ojos
huyen adentro.

47

Dos mariposas.
En tu espalda se posan
y se persiguen.

48

En el empeine
te pinto una tortuga.
No te me escapas.

49

Adivinanza:
¿qué cabe en el ombligo
y no en lo eterno?

50

En la señal
que ha dejado el elástico
choque de trenes.

51

Una frontera
la raya del moreno.
Contrabandistas.

52

Abres las piernas.
Paralelas que alcanzan
el infinito.

53

Tus arañazos:
escritura evadida
de la escritura.

54

Beso al revés.
Desordenar el cuerpo
para sentirlo.

55

Burbujas.
        Peces.
Corales.
        Galeones.
¡Y no me asfixio!

56

Cuento tus dedos.
No me sale la suma.
Varios perdidos.

57

Enjabonarnos.
Toda la piel en fuga.
La atrapa el agua.

58

Antes de ti
los ríos ya corrían.
¿Pero hacia dónde?

59

Mi bicicleta
me espera en cualquier sitio:
fidelidad.

60

Miro mis libros.
Entre todos no saben
lo que esta ardilla.

61

Pavos reales.
Langures.
            Hienas.
                    Ratas.
Por qué las puertas.

62

Los altavoces:
los dioses,
            siempre ciegos
y ahora sordos.

63

Bocinas, timbres,
generadores, gritos.
La piedra duerme.

64

Caos del tráfico.
Quien lo entiende se entiende.
Pedalear.

65

Haces un muro
para pasar mejor
al otro lado.

66

No llega lejos
un cuervo sobre un búfalo.
Ni nuestro amor.

67

Para limpiarte
con el jabón no basta.
Usa tu muerte.

68

Vienes a verme.
Las ventanas se cierran
sin preguntarnos.

69

El aguacero.
Dos gatitos maúllan.
Toldo de plásticos.

70

La niña.
       El charco.
Un barco de papel.
El sol se para.

71

En el pez raya
que boquea en la orilla,

a) todos los náufragos.

b) mi vida entera.

c) alguien escupe.

d) se asfixia el tiempo.

e) se para el sol.

f) hallé un maestro.

g) se calla un haiku.


72

Escuchas música.
Las rosas del jardín
bailan al viento.

## Verbos

(2009)

**Amor**

I

AMAR

la tetera humeante
las manos ahuecadas
                todavía
el sol sobre las plantas

## ARAÑAR

retráctiles las uñas de tus ojos

cuando acarician hieren

CUIDAR

alerta en el confín donde palpita
el dolor extranjero
                    ejército invisible
que asedia tus murallas
                        ejército ruidoso

vigilia permanente
                    recorrer tu perímetro
atento a las señales
                    centinela
incansable y cansado
de tu sueño

**DERRAMAR**

tu reflejo en la jarra

deseo en arco iris antes de la tormenta

por mirarlo

el vino en el mantel en tu vestido

en la jarra vacía te desnudas

no me atrevo a soltarla

DESEAR

naranjas en el árbol
                    corales en el mar

el sol calienta y tú
en el centro del sol

DESNUDAR

poco a poco los nudos se deshacen

pero queda el temblor

**ENREDAR**

se entretiene mi mano en tu cabello
y ya no sabe regresar a mí

ENTREABRIR

puertas piernas (qué más)
ventanas bocas (para)
con llaves o con dedos (no respiro)
esclusas sexos (vete)
cajones almas (cerca)
al otro lado dentro (habítame)

## GOZAR

sabes que alguien te empuja
al borde de un barranco

y no te opones
       gritas

el eco de tu muerte
responde desde abajo

saber de la caída

(vértigo del saber)

GRITAR

garganta de cristal

recoger sus añicos
después de nuestro abrazo

**INVENTAR**

sigues aquí

PROMETER

amasarte
        templarte
                evaporarte
peinarte con los dedos
                    despeinarte
pulsarte y afinarte y elegirte
cicatrizarte
        y verte
regresar de los puntos cardinales
con un gran ramillete de planetas

trazarte como elíptica
girarte de una forma
y de otra forma y otra

volcarte
        desbocarte
                despintarte
caberte
        incontrolarte
impulsarte
        llevarte
                acompañarte
regresarte
        curarte
reconocerte
        darte
alimentarte
        hablarte
                despensarte
elegirte hacia atrás y hacia delante

vivirte desvivirte

(días sin horas horas sin minutos
minutos sin segundos y segundos

más veloces que el tiempo
fugitivos del tiempo

implosión de lo inmóvil
en la vida agitada de la carne)

buscarte con linternas
y buscarte cegado por tu cuerpo
buscarte hacia delante y hacia atrás
buscarte solo y ayudado
por búhos y elefantes

buscarte si te pierdes
para que no te pierdas
                           para que
en nosotros se cumpla lo incumplible

(atravesar contigo al otro lado
y atravesar contigo hacia este lado

y dormirme contigo en el sinlado
de la felicidad)

RECONOCER

por más que te disfraces
                      cambies
                                huyas

al mar inexistente

a la luz extinguida

cuando llegues sabré

y el tiempo se abrirá como un melón
que comeremos juntos

RECORDAR

vives ahí

entre el tiempo y el tiempo

cuando te asomas

las palomas se espantan
y te dejan sus migas

agachada las comes y nerviosa

y regresas al hueco
entre el tiempo y el tiempo
donde cuidas la vida

que no vivimos nunca

## II

CALMAR

en la cueva el tesoro de tu sueño
fuera truena y los lobos
                        dentro tú

una mano desciende de la piedra
enciende un fuego te acaricia

luego regresa lenta
a su nicho de sombras

duermes
          por fin ya duermes

los truenos y los lobos
entre sí se devoran

CANTAR

con las cuerdas vocales
coserse al ser
de tu hija

       la nana que te inventa

pespuntes de la luz
              la mecedora

ENFRIAR

la fiebre en la bañera

en tus ojos en blanco
tus patitos azules tu jirafa
tus leones tranquilos todo el zoo

el fuego te abandona lengua a lengua

y juegas
        domadora
con mis manos
                mis fieras asustadas

RESPIRAR

asomarse a la cuna
de la recién nacida

y quedarse temblando
como flor en la grieta

hasta que las gaviotas
se asoman a sus labios

## Conocimiento

ACARICIAR

esto solo lo humano
humo en la piel vapor

un modo de acercarse

un estar en el otro
sin pesarle
          un salir
hacia dentro
          lo humano

es esto nada más

deslizamientos
          chispas

(fronteras a la nada)

la mente disolviéndose en la mano
el corazón probándose
el guante de una mano

ACOMPAÑAR

sin mí
     sin ti
          borrando
la soledad de ser

la barra que separa
un signo de otro signo

no a ti
     no yo
          deriva
de nuestras sombras altas
                    en la tarde

una mancha sin cuerpos
caminando en la tarde

con pasos que la muerte
no entiende ni persigue

**BUSCAR**

no en ti
        no tú
                no fuera
                      no un tesoro

la rosa en la ceniza
                déjala

CALCULAR

los números son seres depresivos
cualquier total les sume en un estado
de sucia postración

los números moderan su ansiedad
con nuestras vidas

nos descuentan nos restan

los números no creen en los números
se aplastan mutuamente
en columnas de nada
se desprecian
              se muerden al cuadrado

los números son cerdos
endemoniados

que se despeñen
que vuelvan al gran cero

## CONOCER

enfrente de tu casa
hay otra casa igual

en ella alguien te espía
que es idéntico a ti

toma notas
           te graba
hace fotos
           informes

cuando sales te sigue
vestido como tú

(atrévete a matarle)

CONSTRUIR

con naipes
        con palillos
                con la espuma

con el incendio
        con
el zigzag de la anguila

con el ya no y el nunca

con las nubes que pasan

(sin perturbar el sueño del vacío)

con virutas de sangre

con esquejes de manos

del revés
        sin sentido
                (contra dios)

CONTEMPLAR

la lluvia en la ventana

el nudo gota a gota
de regreso al ovillo de los ojos

CORTAR

por el filo camina

una gota de sangre se hace globo

por el filo hasta el fin

un cielo hecho de globos

COSER

herida enamorada
de una aguja y de un hilo

rasgarla un poco más

CREAR

ni siquiera lo intentes
si no sabes huir de lo creado

CREER

a beneficio de inventario
                    pero
todo
     sin trampas
                todo

## DELIRAR

me piensan desde mí
                    les pienso en ellos

me graban con sus cámaras ocultas
les grabo con la yema de mis dedos

persigo sigiloso a mis perseguidores

un perfecto equilibrio
me acosan
           les acoso

tanta paz en la guerra
por mí se salva el mundo

DESPERTAR

lo de un lugar lo deposita en otro

el huracán

**EMPEZAR**

todavía no entiendes

principios y finales
entristecen al tiempo

ESCRIBIR

desde las casas hasta el faro

la bajamar
         un remo
                 luna nueva

toda la noche hendiendo
una carta de amor

al despertar entre las dunas
                    nada
el agua a manotazos
             nada
                 quién
ha leído esa nada y se ha hecho nadie

el sol apaga el faro

las casas ya regresan a la cal

EXISTIR

sin hacerse preguntas
(la piedra en el arroyo)

sin hacerse paisaje
(garabato en el aire de las hojas)

sin hacerse promesas
(la gravedad del monte)

FLOTAR

una nave espacial
con la tripulación
convertida en esporas

la embarazada de ocho meses
en la piscina solitaria

el barril en el mar
dentro del cual se enrosca
un gato sin preguntas

(en medio

la palabra

de la frase)

HABLAR

las palabras se oxidan en el aire

chatarra de la voz amontonada

sus hierros retorcidos
                    sus carcasas
su contumaz desuso milenario

en la tierra baldía
                en el desguace
los poetas rebuscan en silencio

IMAGINAR

con los pies
          con los codos
con los tendones
              con

los rápidos de sangre
los diques de la espalda

si solo está en la mente
ahí se pudrirá

INSISTIR

cultivar desaciertos
                    las semillas
hacen suya tu causa y fructifican

INVITAR

bienvenido tu no

JUGAR

el nombre
           de tenerlo
                      de existir
de dios
      el nombre exacto de las cosas

**LLORAR**

lágrimas

lentes de un telescopio

## MIRAR

desde tan cerca que
(no importa)

desde tan lejos como
(da igual)

en los ojos cerrados
el universo

entonces para qué
el esfuerzo de abrirlos

MORIR

eres tu horizontal y tu horizonte
por vez primera juntos

dos rayas superpuestas

un ahora y un nunca desleídos
que te dejan a solas
                     vertical
humareda sin dioses
                     con tu vida

ORDENAR

todo tiene un lugar

no lo encuentres
               no quieras encontrarlo

infinitos lugares para todo
el secreto de la felicidad

PAGAR

en el dinero un hondo
hondísimo rencor
por la vida impagable

en el claro del bosque una cigüeña

## PASEAR

los pasos
        ellos saben

no camino al andar
camino al olvidar que estás andando

PELAR

entre la mano y el cuchillo
una galaxia sueña su espiral

antes de que despierte ya es basura

PENSAR

las puertas
        las paredes
                las orugas
el charco
      la tormenta

ellos
    (no tú)
          las sombras
                los destellos

**PESAR**

el alma
        un saco
                el tiempo
bebés
     tomates
           estructuras

el mismo peso todo
             (lo olvidamos)

**RECIBIR**

lo hacen mejor las manos que no tienes

lejos de ti tus                                    manos
y de repente el mundo

RECORDAR

muchas cosas suceden hacia atrás

en el pasado cambios

no archives
          no regreses

no estás ahí
          nunca estuviste

al desandar tu tiempo
cierra su laberinto y te devora

RESPIRAR

no le pongas al aire
manos
        ventanas
                puertas

no le quites al aire
manos
        ventanas
                puertas

con tus huellas
                sin ti
                      desde la muerte

REZAR

ya solo a la palabra
o ni siquiera
        al rastro
que deja al deshacerse
                no tampoco
al olvido del rastro
convertido en arbusto
menos
     a la ceniza
del arbusto alcanzado por el rayo
o al viento que dispersa la ceniza

(todavía no es eso)

un poco más allá

a la boca del viento

al lugar donde vuelve
la palabra no dicha

**SALIR**

en el afuera aún
otro afuera
            (cuidado)

**SALTAR**

de una vida a otra vida
(las piedras en el agua)

de una vida a la vida
(el listón de la altura)

saltar
     altar
          me ofrezco
al centro de la tierra

SENTIR

la piel en lo invisible

si insiste
lo invisible en la piel

TACHAR

las aspas
         al girar
alza el vuelo la página

y nunca más regresa

TENER

la rama en la corriente

la brasa del volcán

el aroma del brezo

de quién son
             para quién

(ni siquiera se asoman a la mente)

**Sueño**

las hormigas azules
preparaban martinis

muy serias preparaban
martinis con las puestas
de sol y los cadáveres

el yo en la coctelera y raspaduras

las hormigas azules
maracas del no-ser

zapatos de tacón encima de la mesa
larvas en su interior

te comes un puñado
                    luego ensartas
el resto en un collar

migrañas de poeta
tu vestido de noche

en carroza de sapos
nos vamos a la fiesta

dormido en un alféizar
a muchos grados bajo cero

me despierta un chacal que me alimenta
con jirones de piel de mi enemigo

si nadie la miraba

la escalera de mano
se apoyaba en la luna y la lamía

el caracol el único que sabe

el sendero que lleva
al tesoro escondido

van pasando los años pero tú
lo sigues con paciencia

y cuando al fin alcanzas
la cueva destellante

tu sonrisa lejana
se refleja en el oro

regresas a tu vida sin tocarlo
(lento anciano de baba
                        caracol)
porque ya para qué

lobos caperucitas
(y qué si te devoran)

enanitos madrastras
(dejad que se envenenen)

bellas durmientes príncipes
(enterradlos deprisa)

un cuento fascinante en una piedra
en el silencio de la piedra

gatos-con-botas ranas
sirenitas dragones

(expulsadlos a todos

hay que empezar de nuevo)

entre dos rascacielos
camina la funámbula

va dormida y no hay cuerda

su sonrisa en el aire la sostiene

campanas alocadas

las bajan con poleas hasta el suelo

toda la noche aullidos de la torre
temblar del campanario

por la mañana suben
de nuevo las campanas

los hombres huyen pero yo me quedo

abrazados doblamos
la esquina
         de repente
no estabas
         no estuviste

no me puedo mover

las calles son tijeras que se cierran
despacio sobre mí

mi cabeza cortada se detiene
junto a un perro dormido

una flecha en el tronco
plumas verdes y azules

advertencia en la selva
                            pero tú
la desclavas
          la rompes con las manos

al llegar al poblado
descargas la nevera
que llevabas al hombro
y cantas un anuncio de refrescos

pero al abrir la nevera está vacía
y en un segundo entiendes mi traición

los salvajes me aclaman y entre todos
te devoramos ebrios
de vísceras y sangre sin gusanos

el dálmata enroscado
en su propio infinito

madrugada de truenos

tres niños en pijama
hacen un hoyo y lloran
luchando contra el barro
increpando a la lluvia

nunca estuvo tan vivo
un animal desierto

las linternas se agotan

a una voz de la madre
regresan a la casa

corremos por el puente
colgante
        los caballos

se despeñan
          disparan
bolas de fuego
            flechas
envenenadas
          cortan
con hachas las amarras

pero entonces un ángel prehistórico

nos toma con sus garras
y nos lleva a los astros

al llegar nos esperan los caballos
que relinchan nerviosos
porque escuchan los gritos
lejanos de una turba
que construye otro puente
colgante hacia nosotros

que venías despacio
y viniste despacio

que cantabas bajito
y cantaste bajito

que apagabas las lámparas
y apagaste las lámparas

que domabas tifones
y domaste tifones

que nunca más te irías
y desapareciste

# Otros poemas II

## Nuevos poemas de Vikram Babu

Como el niño delgado que volaba
su cometa de noche,
                        cuando todos dormían
y los ojos de piedra de la diosa
no tenían devotos que miraran por ellos.

El niño daba al cielo su cometa
y el cielo echaba al polvo las llaves de una casa.

Las lechuzas lo saben, los ratones, la higuera,
las huellas casi secas de los búfalos.

Como el niño delgado que tiraba
del hilo de la noche sin conseguir bajarla.

Vikram Babu pregunta:
                        ¿le ayudamos?

Como aquel alfarero que rompía las jarras
nada más terminarlas.
Sin perder la sonrisa
destrozaba los platos y los vasos

y luego se ponía a decorar
los fragmentos dispersos por el suelo
con sangre que sacaba gota a gota
de sus dedos y brazos, de sus muslos,
de las callosas plantas de sus pies.

Extraía de sí los pigmentos del alma
hasta quedar exhausto
                        y venir los insectos
a chupar sus heridas.
                  Los vecinos,
por compasión, ponían monedas en el torno
y se llevaban trozos de loza hasta sus casas.

Al despertar seguía sonriendo
y de nuevo amasaba en el barro mojado
las formas de lo informe,
los diminutos cuencos donde cabe lo eterno.

Vikram Babu pregunta:
                  ¿dónde bebes?

Como el ogro que aterra
                a los niños despiertos,
que chillan y se esconden debajo de las mantas.
Como el ogro aterrado por los niños dormidos,
cuya plácida luz le deshabita
y le obliga a volverse
a la boca del padre o de la madre
y al origen del cuento sin origen.

Vikram Babu pregunta:
                ¿nos dormimos?

Como el ratón que roe el queso de la trampa.
Vikram Babu pregunta:
                    ¿a qué sabe tu mente?

Como el ladrón cansado de robarle a los otros,
de vaciar sus casas mientras duermen
sin huellas y sin ruidos,
,,,,,,,,,,,,,,,,,,,,,,,pareciendo
que nadie ha entrado en ellas,
,,,,,,,,,,,,,,,,,,,,,,,,,,,,,,,,que la nada
se ha llevado las joyas en su saco de nada.

Como el ladrón que barre las sobras de la vida,
ese resto feroz al que llamamos tiempo,
pero ahora en su casa,
mientras duermen sus ojos y sus hijos,
con la máscara puesta y el saco sobre el hombro
y alguna coartada por si alguien le pregunta.

Vikram Babu pregunta:
,,,,,,,,,,,,,,,,,,,,,,,,,,,,¿no tienes qué robarte?

Como el portero que dejaba
pasar a todo el mundo, pues decía
que aquellos que lograran llegar hasta su puerta
(un círculo de fuego, una gran catarata,
una explosión inmóvil)
podían traspasarla para ser
traspasados por ella.

Un portero, una puerta, visitantes extraños.

Mendigos principescos, príncipes miserables,
comerciantes sin nada que vender,
borrachos tan serenos que parecen montañas,
jinetes que cabalgan el vacío.
Todos buscan la puerta sin portero:
la puerta de la cual ellos son el portero.

Vikram Babu pregunta:
                    ¿y tú no?

## De la tribu Nila

Te paraste para decirme que no me querías.
A la puerta de mi casa
dejaste el cesto de ropa que traías del río
para decirme que no me querías.
Olías a jabón y a la flor del arbusto
y en tu sari mojado
se ahogaban las mariposas.
Me dijiste que no me querías muchas veces
y luego me empujaste hacia dentro de la casa
y cerraste la puerta
y me llevaste a una habitación
en la que me gritaste que no me querías
hasta que el sol se puso.
Las lágrimas del cesto de la ropa
que olvidaste a la puerta de mi casa
le contaron a todo el pueblo que no me quieres.
Por fin lo sabemos todos.
También las mariposas de tu sari,
que ahora vuelan en bandadas densas
por los cuartos de mi casa.

Que se me caigan los dientes,
que la lepra ponga huevos en mis ojos,
que miles de gusanos excaven túneles
desde mis heridas abiertas hasta mi corazón,
que un elefante ebrio cocee un muro de adobe
y este se desplome sobre mí,
que una cobra loca se enrosque en mis genitales,
que un rayo incendie mi choza mientras duermo,
que los escarabajos de la pimienta
mastiquen mis oídos lentamente:
que me ocurra todo esto
si vuelvo a decirte que te amo,
si vuelvo a pensar en ti,
desagradecida y mentirosa,
torpe mujer de barro y nubes.

Te amo.
No puedo dejar de pensar en ti.

Cuando bailas de noche
la selva se incendia
de pequeñas hogueras intensísimas:
los ojos del elefante,
los ojos de la pantera,
los ojos de los gruesos árboles chapak,
los ojos de los monos,
los ojos de las pulgas,
los ojos de la cascada.
Cuando bailas de noche
junto a los tambores en llamas
y los fuegos que aúllan
toda la selva quisiera bailar contigo
pero no se atreve.
Tú eres una selva más peligrosa que la selva.
Los tambores me llaman.
Yo sí me atrevo.
Yo soy un cazador.

Tundo el colchón de paja y lana.
Mis tres hijos arañan en la tierra
gallinas, cerdos y búfalas.
Como yo,
el colchón no se queja
por fuerte que le pegue.
El riachuelo seco no se queja aunque le tire piedras.
Los árboles frutales comidos por la plaga
no se quejan aunque rompa mi cesta contra ellos.
Los maizales arrasados por los impuestos del terrateniente
no se quejan aunque muerda con rabia sus terrones.
Mis hijos dibujan en el suelo
huevos, vasos de leche, un plato de arroz con carne
y me miran de reojo.
Entonces golpeo y golpeo y golpeo el colchón
para que una nube de polvo
me haga desaparecer para siempre.

Te hemos llevado, padre,
muy lejos del poblado.

Te hemos llevado, padre,
por un sendero nuevo
que hemos abierto con nuestros machetes
mientras las mujeres
azotan a los niños para que lloren.

Te hemos llevado, padre,
a un lugar que no podrás reconocer
si alguna vez te da por despertarte.

Te vamos a dejar ahí, padre,
y a la vuelta ocultaremos el camino
con hojas y ramitas.
Las mujeres apalean a los perros para que gañan
y a los bueyes para que mujan y babeen.
Las mujeres rompen toda la loza de barro,
convierten los trajes en tiras,
se queman unas a otras con brasas.

No vuelvas, padre,
porque ya no tienes casa ni parientes.
No vuelvas, padre,
porque si lo haces las mujeres nos abandonarán.

Para que no vuelvas, padre,
te vamos a cortar en trocitos
y cada uno lo vamos a esconder en el hueco de un árbol.

Estás muerto, padre,
así que no intentes convencernos de que no.

Padre, no nos persigas
para que te demos aguardiente de arroz
o tortitas con verduras
ni hagas que los tambores suenen solos por las noches
como invitándonos a una danza.

Vete lejos del poblado y no vuelvas, padre,
porque si lo haces
nuestras mujeres se acostarán con nuestros enemigos
y les darán tantos hijos que nos derrotarán.

Estás muerto, padre,
márchate de nuestras cabezas
y déjanos en paz.

Ayer nos sostuvimos la mirada.
Ayer un tigre y yo nos estuvimos mirando
desde el nacimiento hasta la muerte.
No hubo truenos ni rayos entre nosotros.
Sus uñas y sus dientes no destellaban contra mí.
Mi lanza y mis flechas
dormían en la maleza sin alterarse.
Ayer un tigre y yo,
dos ancianos cansados de pelea,
buscamos cada uno en los ojos del otro
respuesta a una pregunta y la encontramos.
Él no fue el tigre que devoró a mi hijita
mientras recolectaba frutos silvestres en la selva.
Yo no fui el cazador que enjauló a su camada
para vendérsela a los extranjeros.
No hubo truenos ni rayos entre nosotros,
dos viejos tristes y cansados.

## Sigo aquí

Lo que veo pasar me ve pasar
y por eso estoy vivo.
           Lo que veo
detenido me ve quedarme quieto
y por eso no muero.
              En mis ojos,
los ojos de los árboles y el río
se miran para ser y darme el ser.
No espejos sino luz.
              No parentesco
o relación sino lo mismo.
                No
el tiempo desplegándose despacio
para extender su red
              sino la araña
devorando a la araña para hacerse
tan grande como el tiempo y devorarle.

Lo que veo pasar me deja ciego
y por eso estoy vivo.
              Lo que veo
detenido me aparta de mis ojos
y por eso no muero.
                ¡Sigo aquí!

**Novela de amor sin Marta Grant**

*Uno*

Busco en el diccionario algo que no te entendí
y, mientras paso las páginas, tus ojos verdes
(que no se cansan de ser ojos ni se cansan de ser verdes)
se detienen en mis manos y las convierten en lagunas,

dices

*por favor, espera, no confíes tanto en las palabras, confía en mí*

y dejo el diccionario para no quedarme a solas.

La varita de sándalo. La lámpara de tela. Escuchamos los
                                  [grillos y los pavos reales.

Nos comprendemos porque somos
una atención y un único imposible.

Confío en ti como si fueras la relojera de mis múltiples almas,
                                  [el diapasón de mis sueños.

Te cuento
la historia de la montaña magnética que leí en las 1001 noches
y luego la de los amantes que, después de buscarse durante años,
acabaron encontrándose,
casi muertos, en un hospital de Tailandia.

Confías en mí porque te cuento historias que estás preparada
para vivir
y nadie más lo había notado.

Vuelves a encender la maría, me salivas el lóbulo, me echas el
[humo, me canturreas

*estoy colocada, y no solo por el porro. ¡Tetetete aaaaaamoo!*

La botella de agua. Insectos diminutos sobre la piel (algunos
[verdes como tus ojos). *Mosquito coil.*

Confío en ti porque no aplastas las hormigas,
porque cumples tus promesas antes incluso de formularlas,
porque te excita el sonido que hace el viento al pasar por debajo
[de la puerta y me desnudas

*intentemos imitarles. ¿Quieres ser el viento o la puerta, cariño?*

porque es tan sencillo como beber agua de coco.

Quién prepara café.
Quién cambia la música.
Quién se ducha primero.

Cuando vuelvo has escrito con ceniza en el suelo

*bésame, idiota*

y te haces la dormida con la boca entreabierta.

Confías en mí porque te beso desde el fondo de un valle
y porque no hay cadenas preparadas para cuando despiertes.

Nos comprendemos porque estamos
pendientes de la luna y del bosque de teka.

Intento traducirte un haiku
en el que pastan caballos en tus pupilas grandes
pero te ríes tan fuerte, amor,
que las palabras salen de estampida de vuelta al diccionario

y nada más y nada más porque confío en ti y te abrazo.

La bicicleta del lechero traquetea en los adoquines de la calle.
Las aspas del ventilador hacen girar el techo como si viviéramos
[en un helicóptero ensimismado y tímido.

Confío en ti porque tus pies descalzos sobre la esterilla parecen
[tejidos a ella
y porque tus pies descalzos sobre los azulejos azules del cuarto de
[baño parecen brotar de ellos
y porque tus pies descalzos sobre mis pies descalzos le dan sentido
[a los caminos, a los errores, al cansancio y al tiempo.

Me pides otra historia y te cuento una de samurais
y luego un mito bosquimano
y luego aquella en la que me confundieron en Cuba con un
[contrabandista.

Confías en mí porque no sé mentirte
y porque jugamos como cachorros de dioses
y porque cuando te heriste la rodilla al resbalar en la barca te la
[curé con barro y unas hojas de loto que bajaban flotando
[por el río.

*¿Hay algo para picar en el frigorífico?*

Y confundo a propósito *nibble* [picar] con *nipple* [pezón]

y te mordisqueo los pezones mientras me coges la cabeza con
[ambas manos
y pataleas y das gritos
y acabamos con todos los alimentos de tu nevera.

Eres la que pinta las ventanas de rojo y de añil las paredes,
la que pone fundas tibetanas a los cojines,
la que tira manzanas a los monos,
la que barniza las mesas,
la que rodea la cama de velas encendidas y susurra

*ven dentro pero no traigas tu viejo yo,*
*tus viejos hábitos,*
*tus viejas manos.*

Confío en ti porque tus dedos huelen a cera y fósforos.
Confías en mí porque la luz no le hace daño al sol ni la humedad
[al agua.

Te comprendo.
        Me comprendes.
                Somos.

En el solar de al lado rebusca una vaca hambrienta
y tú ya duermes hacia mí.

Es hora de apagar la luz.

*Dos*

Me hablas de tus amigos
porque hoy tienes ganas de organizar una fiesta

y te has puesto la blusa mostaza
y has comprado pasteles de pistacho
y me invitas, antes de que lleguen, a bailar «Burma shave»
y te pones a pegar cometas por todas las paredes de la casa.

*Marc es un colgado, sí, está loco, pero es tan dulce.*
*Helen juega al ajedrez con Saturno, no me preguntes cómo, y siempre*
            *[pierde y entonces llora y llora hasta que Charles la abraza.*
*Cindy adora la sombra de su mano y siempre lleva una linterna en el*
            *[bolsillo para proyectarla sobre las paredes, los pechos, los libros.*

Me hablas con tu voz robada a las ardillas
y te amo por eso.
Me miras con tus ojos robados al *pipal* gigantesco que se asoma
                              [a las ventanas delanteras
y te amo por eso.
Me rozas con tu piel robada a las nubes monzónicas
y te amo por eso.

Me pides que vaya preparando el té, liando algunos canutos,
          [comprobando si las cervezas ya se han enfriado.
Mientras, tú colocas la tela roja con espirales estampadas como
          [cortina en la puerta de entrada y pinchas con alfileres en
     [ella un Bienvenidos, fantasmas escrito en azul tembloroso.

*A Leonore no le gustan las mesas.*
*A Sean no le gustan los zapatos.*
*A Bob no le gusta la palabra Vacío.*

*A Sussy no le gusta el pan integral.*
*A Anne no le gusta hacer el amor con hombres de Ohio.*

Te amo porque tus piernas llevan a todos los países.
Te amo porque el peine se duerme cuando me desenredas el pelo.
Te amo porque no dejas ninguna parte de ti escondida en el espejo.
Te amo porque me deseas mientras bato una bechamel y roturas
[cortafuegos
con tus uñas en mi espalda antes de incendiar el bosque.
Te amo porque es el modo más verdadero de ser mis pasos.
Te amo porque por la noche qué harás sino ser todos los cuentos
[y todas las noches y todas las canciones de Tom Waits.

*Bob perdió un perro llamado Niebla cuando tenía seis años y todavía*
*[lo anda buscando.*
*Mary, bueno, no creas las mentiras que cuente sobre mí.*
*Harry salta como una rana cuando está triste.*

Todo está listo pero nadie llega.
La fiesta para anunciar a tus amigos que estamos juntos desde
[antes de los dinosaurios y las glaciaciones
está encendida pero nadie llega.

Nadie llega para alzar la tela roja con espirales, volar las cometas,
[comer pasteles de pistacho, beberse el té y las cervezas, fumarse
[los canutos, bailar descalzos en un suelo sembrado
[de lunas de purpurina.

Nadie llega pero yo te amo porque tus amigos están muertos y lo sé
y aun así les has montado una fiesta para mostrarles nuestro amor.

Te amo porque pintas en la pared una furgoneta rodando por un
[barranco

y lloras como queriendo detenerla.

Y sin dejar de llorar me abrazas y me dices

*y la sonrisa de Paul es la tuya.*
                    *¿Entiendes?*

*Tres*

Me gusta cómo montas en bicicleta,

con el centro de gravedad tan alto que parece que vas en globo,

con los brazos sobre el manillar dibujando la caja de resonancia
[de un violín,

me gusta cómo montas en bicicleta,

sorteando a los búfalos que regresan de bañarse en el río no
[como si fueran obstáculos
sino luz negra,
el secreto de la felicidad,

saltando en los baches con el mismo movimiento de hombros
[que haces
cuando te quitas la camiseta antes de meterte bajo las sábanas,

saludando al lavandero y a la vendedora de berenjenas y al anciano
[de la sonrisa cósmica
sin perder ni un solo pedaleo pero inmóvil
porque les haces sentir que estás con ellos desde siempre y para
[siempre,

me gusta cómo montas en bicicleta,

con determinación, con reflejos, con alegría,

con gotas de sudor en tu frente y manchas en tus axilas,
o con agua en tu pelo y en tu ropa los días de lluvia,
que me hacen desearte tanto que te haría el amor ahí mismo,

entre los timbrazos y el cordelero,
entre los perros sarnosos y los mendigos sin orejas,
entre el barbero que sienta a sus clientes en un ladrillo y el
[renunciante naranja que sienta sus percepciones en el vacío,

me gusta cómo montas en bicicleta,

teniendo claro a dónde vas pero teniendo todavía más claro que
[lo importante no es que vayas
a una de tus clases, o a la tienda de pulseras de cristal o a visitar
[a una amiga
sino que las ruedas sigan girando,
que no se detenga el tiempo de tus piernas,
que la sangre circule por las calles de tu cuerpo,

me gusta cómo montas en bicicleta,

con la cesta verde delantera mágicamente llena de chocolatinas
[para las niñas de nuestro barrio,

con tu cintura y tus manos coordinadas para frenar y esquivar
[como si fueran un único miembro,
un ejercicio que has practicado en mí justo para lo contrario:
para provocar accidentes de heridas que cicatrizan solas,

me gusta cómo montas en bicicleta,

perfecta en el caos porque no ves la diferencia entre este y el
[orden,
con tu bolsa morada rebotando contra tu espalda
como un atardecer rebotando en la ladera de una colina,

con tu pelo rizándose y tu pañuelo dando latigazos
al aire insumiso y a mis ojos demasiado sumisos,
con tu trasero discutiendo con el sillín el árbol genealógico de la
[palanca y la lascivia,
me gusta cómo montas en bicicleta

y me dices

*tú, poeta lento, por qué esas lágrimas*

pero es que estoy llorando porque te amo

y por eso no veo el carro de los zumos de caña de azúcar
y me incrusto contra la manivela de la prensadora,

lo que hace que te rías,
que te rías y te rías hasta el fin de los tiempos.

## Cuatro

Es hora de encender la luz
y de que hablemos
de los globos que estallan.

Tú y yo subiendo por el aire como burbujas inocentes

*(sin tú*
    *ni yo*
        *ni subiendo*
            *ni aire*
                *ni burbujas*
                    *ni inocentes):*

tú y yo subiendo por el aire sin conciencia ni cuadrículas,
ni desde dónde
        ni hacia dónde,

quizás notas parece que de una flauta es posible que soplada por quién,

el agua evaporada de un buitre que sacude sus plumas,

los ojos de un astrónomo que intenta localizar un asteroide después de llorar porque ella le dejó una nota de despedida con solo dos palabras:

*Ya no,*

la piedra del tirachinas de un niño que apunta a una nube con forma
                                        [de ballena.

Sí, es hora de que hablemos de los globos que podrían explotar
en medio del huracán o de la calma

mientras somos del viento
                    y del sol
                y del sintiempo.
*Amor.*
    *Libertad.*
*Tú y yo.*
        *Mañana.*
*Te refieres a esto, ¿no, travieso poeta?*

Es hora de encender la luz
sobre el amor, sobre la libertad, sobre tú y yo, sobre el mañana,
hora de poner en hora las palabras para que en todo caso
                    [estallen fuera de nosotros
pero no en nuestros corazones, no en nuestras bocas,
hora de elaborar un mapa del cielo para poderlo disfrutar sin que se
                    [derrumbe sobre nosotros.

*Sí, hablemos, pero antes bésame aquí y aquí y aquí.*

Es hora de...

*Y también aquí. Lo siento. Me olvidé de esta parte esencial de mi cuerpo.*
*Ahora continúa. Te escucho con mucha atención.*

Tú y yo subiendo por el aire como una luz que rebota en la esfera
                    [del reloj,
como el hilo de una cometa nerviosa,
como las ramas giróvagas que engulle el remolino.

Y tengo miedo de que estallemos como un globo
en la tierra de nadie del dolor y la soledad.

Por eso quiero que encendamos la luz sobre nuestros sentimientos,
[sobre nuestras palabras,

sobre esta vida nuestra que parece un milagro
y es real
como la ensalada de tomates y pepinos que estás condimentando
mientras intento
hablar contigo de estas cosas.

Y qué difícil y qué serio me he puesto.

Y te giras y todavía con el orégano en la mano me dices:

*nada de cárceles,*
*nada de mentiras,*
*nada de basura escondida en el alma:*

*eso es todo y pásame el aceite de oliva, por favor.*

Y tu sonrisa tranquila
llena la cocina de globos de colores
que estallan sin que suceda ninguna tragedia.

Y mientras te paso el aceite de oliva pienso
que hemos llegado tan alto
que si explotáramos en medio de la nada
necesitaríamos de varias vidas para encontrar algún suelo contra el
[que estrellarnos.

Y que para qué estropear este infinito abrazable
con palabras, palabras y palabras.

## Cinco

¡Qué viaje, amor, el de ayer por la tarde!

La amarga pasta verde y la leche de almendras
excavando mil túneles de tu mente a mi mente
para hallar un atajo hacia el vacío.

*Equivocado.*

*Ninguna mente.*
        *Ningún camino.*
                *Ningún vacío.*

Las palabras hablaban sin nosotros
y las calles se abrían en afluentes hacia tierras incógnitas.
La vista olía las fritangas.
Todas las niñas eran transparentes.
En la zapatería había un pez probándose las cajas de cartón.
Una banda de música precedía la boda del Camino y la Huella.
Los colores jugaban al parchís en los letreros.
El silencio callaba sin nosotros
dentro de un elefante que bebía en un lago de mármol.

*Ninguna palabra.*
        *Nada que ver.*
                *Ninguna huella.*
                        *Ningún silencio.*

Yo intentaba tocarte y no encontraba ni Yo ni Manos para hacerlo.
Intentaba besarte y mi Boca piaba burlona de la rama de un Árbol
                          [que flotaba entre nosotros.

Intentaba abrazarte con un Cuerpo que estaba más pendiente
[del cesto de Manzanas que de Mí.
Intentaba mirarte pero solo me llegaba el rumor de dos Serpientes
[enlazadas en el fondo de un Pozo.
Intentaba soñarte y me quedaba atrapado en un Hilo del remiendo
[de tu Pernera izquierda.
Intentaba olvidarte y el Olvido cogía una linterna y escribía despacio
[en la Pared «Recuerda esa sonrisa.»

*Ningún intento.*
        *Nadie.*

La amarga pasta verde es muy celosa
y no nos permitía abandonarnos a nuestras sensaciones
si al hacerlo la dábamos de lado.
Si yo alargaba un brazo hacia tu pelo
(el mismo brazo mío, el mismo pelo tuyo de cada día)
ella hacía imposible la distancia
y ponía manglares, pantanos sulfurosos, cementerios de estrellas,
escarabajos rosas comiéndose a un bebé que sonríe en su cuna.

La amarga pasta verde pretendía que hiciésemos
no el amor por nosotros sino el amor por ella:
cruzando pasadizos negros, no explotando en la luz.

Yo quise desnudarte y me encontré arañando una bombilla.
Tú fuiste a desnudarte y regresaste al cabo de mil dóndes con un
[par de tostadas untadas de pintura.
Lo intentamos de nuevo y un engrudo viscoso y maloliente nos
[pegó al sinregreso y al sinti.
La amarga pasta verde es celosa y feroz
como apisonadora enamorada de un jarrón de la China.

*Sin celos.*
    *Sin amor.*
        *Ninguna pasta verde.*

Qué viaje, amor, el de ayer por la tarde
hacia la red que teje el Universo
con tus tendones y los míos.

No te pude tocar pero te vi desde dentro de Dios,
ese Acróbata Loco.

La amarga pasta verde, cansada de esperarnos,
se filtró por las grietas del suelo y la pared
y se fue a visitar a las hormigas.
Entonces yo te vi desde dentro del Tiempo,
ese Malabarista que usa brazos ardiendo como antorchas,
y comprendí y temblé

y me dormí abrazado a ese Rayo inasible.

*Ningún viaje.*
    *Ningún Universo.*
        *Ningún Dios.*
            *Ningún Tiempo.*
*Y nada que comprender.*

*Te amo.*

*¿Te?*
   *¿amo?*

*Te amo.*

**Poema de amor con concesiones a la retórica
y emocionalidad tradicionales**

Te amaré con locura cuando deje de amarte
porque entonces serás una sombra en el agua.
Porque entonces tus manos serán ramas caídas
que la corriente aleje sin pedirme permiso.

Te amaré con pasión mientras vas diluyéndote
porque entonces sabré que tu cuerpo era solo
no materia o sabor sino nada y ninguno,
no mordiscos y un nombre sino nunca y vacío.

Te amaré para siempre cuando seas un árbol
que
    hunde sus raíces en la orilla de un río
y en ese río seas una trucha azulada
y en esa trucha seas el reflejo del cielo
y en ese cielo seas una nube sin rostro.
Cuando seas el mundo que no fuiste en mis brazos
porque en ellos reías solo tú y me besabas.

Te amaré sin regreso cuando la lluvia llueva,
cuando los truenos truenen, cuando el olvido olvide.
Porque entonces sabré que no te amaba a ti
sino a la vida viva y eso está en los insectos.

Te amaré hasta la muerte cuando deje de amarte
y pueda respirar sin tu respiración,
moverme sin tus piernas, pensar sin tus palabras.
Porque entonces serás una hojita que flota
sin conciencia ni tácticas ni mentiras ni orgullo.
Porque entonces tú y yo no seremos tú y yo
sino dos gotas limpias de una misma cascada.

Te amaré en mil pedazos cuando deje de amarte
y sepa que soñamos la que jamás serías.
Porque entonces serás la que borre tus huellas.

Porque entonces serás la que borre mis huellas,
te amaré desde cero cuando deje de amarte:
otra oportunidad de amarnos con locura
mientras nieva la nieve, mientras las manos manan.

**La insomne**

vigilaba sus pasos
porque andaban sin ella por las noches
                                  y no siempre querían
encontrar el camino de regreso

sus pasos arriesgándose en el telar de las luciérnagas
sus pasos apostándose a sí mismos
                        en las mesas de póker
sus pasos
saltando entre la frente y la pistola
      entre el raíl derecho y el izquierdo
            entre el puñado de pastillas y el frasco de cristal
del suicida veloz
sus pasos por las calles como ratones de laboratorio

si cerraba los ojos la dejaban atrás

sus pasos la dejaban atrás y se marchaban
aplastando amapolas
                y colillas a medio
                        fumar
                              y hormigas blancas
por escaleras se fugaban
                por ventanas y puentes
                        por el aroma de un extraño

sus pasos ferozmente vagabundos como las cordilleras

noches de no dormir y de seguir las huellas de sus pasos

detective y nodriza

                        estela y sombra

de farola en farola
                de bar en bar
                                saltando
y agachada
        de frente y de perfil

    escuchando sin ganas las historias del whisky hasta el amanecer
    dejándose arañar por los desconocidos
    anadeando en camas sin oxígeno para salvar algunos de sus pasos
                                            [del infinito ahogo
noches del sindormir del sintiempo del no

noches que esculpen cráteres de viento en su conciencia
volcanes en sus ojos
noches como agujeros
                desgarrones de niebla

un ataúd donde guardar sus pasos

la insomne
        la vampira
la atleta de la nada
la triste muchas veces triste
la cansada de todos los cansancios
la escombros
        la mareos

aquella de la cual huyen sus pasos como los presos de un penal
los pasos inocentes y los pasos culpables

545

aquella de la cual huyen los sueños igual que las galaxias de su origen

la insomne que contempla
                el reguero de pólvora de un paso
de uno cualquiera de sus pasos
culebreando hacia su rostro acostado en la tierra
y se sabe sin fuerzas para alzarse
                y para qué
                      porque ya
es solo ese estallido
su corazón su lengua un estallido
su vida un estallido

la insomne
      la esquirlas
           la mil pedazos
uno por cada paso que se fuga
uno por cada muerte que hay que seguir a rastras hasta el fin de la
                                    [noche

la insomne hecha rebaño de sí misma
                      y loba de sí misma
y estampida y guarida
            en llamas y colmillos

un rebaño de lobos que acosara una oveja

la alambres
      la derribos

preguntas abofeteadas
              por puertas giratorias
respuestas abofeteadas

                    por el fuera y el dentro
el vaho del cristal
                la rotación del mundo
                            el estar sin estar de una quimera

el tobogán que baja a la cubeta del ácido y el nunca

y ella la insomne cierra los ojos y al abrirlos
cierra los ojos lenta y al abrirlos
cierra los ojos lenta como barcos hundidos en un lecho de anémonas
y al abrirlos
            alguien
que no le dice ven como los otros
que no le dice ven cariño ven ya verás lo que es bueno
que no le dice vamos
            a rajar con botellas
                        partidas los minutos que se atrevan
a nacer ahora mismo en esta barra sucia

alguien que le sonríe
eso solo
como si fuera un guardavías
                el relojero del paisaje
                            el lejano inventor del astrolabio

le dice
        toma
y le pone en la palma de la mano un billete de tren

le dice
dos rayas paralelas para alargar la línea de tu vida

le dice

una nana que hará que se duerman tus pasos

le dice
la insomne soñará que sus pasos la sueñan

le dice
y bebamos amor hasta mañana

y la insomne se deja beber por el insomne
                      sin soltar un billete que no mira
y luego se dirige a una estación
y embarca con sus pasos hasta llenar de pasos los vagones
y no piensa en destinos ni en maletas
ni en vigilar ni en fugitivos

                sonámbula feliz que empieza a despertarse


no piensa en no pensar porque aquello se mueve
y parece una cuna
y parece la lluvia furiosa de su infancia
y parece los brazos de su madre alzándola a la altura de sus pechos


y sonríe sin darse
cuenta
       como si fuera el guardavías el relojero el inventor
le sonríe a sus pasos
                      que
se apelotonan de regreso por todos los pasillos
sus pasos vaciando unos vagones que ahora podrán llenarse de
                            [ocupantes y vidas por vivir
y empujando y gritando se introducen en ella

en la insomne de pronto dormida hacia su centro
en la insomne dormida como un bebé sobre una manta azul
sus pasos sigilosos regresando a su hogar
cada uno buscando su lugar para siempre
su lugar desde siempre
lo que llamamos alma
                o camino
                    o casa

Oración por mi hija

*Uno*

I

Cuando el Día luchaba con la Noche
en abrazo salvaje de estrellas contra estrellas,

la sangre de la luz espesándose en sombras por todo el Universo,

llegaste con auroras y crepúsculos,
llegaste con el orden y con la sucesión, con la armonía
que duerme en el compás y bruñe el corazón del astrolabio,
con el canto del gallo y el acechar del lobo

y entre ambos colocaste el Tiempo como escudo
para que no se hiriesen.

Al Día y a la Noche les pido que recuerden.
Al Día y a la Noche les ruego que te cuiden.

II

Cuando el Mar y la Tierra decidieron separarse,
para que hubiera paz en su discordia
apareciste tú:

encajaste tus manos de lava en una grieta

(océanos a un lado    continentes al otro)

(cacatúas aquí    tiburones allá)
y sin esfuerzo hiciste su distancia.
A la Tierra y al Mar les pido que recuerden.
A la Tierra y el Mar les ruego que te cuiden.

III

Cuando el Calor y el Frío descubrieron
que estaban obligados a amarse en la distancia,
ese amor imposible estallando en catástrofes

(glaciaciones e incendios, nevadas y sequías),

acudieron a ti y les regalaste

la quemazón del hielo y el frescor del oasis:

unos pocos lugares donde abrazarse a solas.

Al Frío y al Calor les pido que recuerden.
Al Frío y al Calor les ruego que te cuiden.

IV

Cuando Dentro y Afuera heredaron los huecos que dejaba
la Materia
al expandirse

(el recodo, la grieta, el pasadizo)

y entre dudas ponían un bosque en una casa

o un pulmón respirando sin cuerpo en un camino,

entregándole al Miedo la llave de este mundo,

tú fabricaste vanos, ventanas, sentimientos, señalizaste las fronteras
que impiden que se mezclen exterior e interior,
moldeaste las leyes de lo cóncavo y la ley del paisaje,

persuadiste a las cuevas y a los guantes a dejarse habitar por dedos
[y  por osos
y persuadiste al aire libre a dejarse cruzar por los vencejos.

Al Dentro y al Afuera les pido que recuerden.
Al Dentro y al Afuera les ruego que te cuiden.

v

Cuando dejó el Silencio de hablarle a la Palabra,

para que no murieran
de sed
en el espejo de la ausencia mutua

derramaste en sus manos
el agua de la Poesía.

Al Silencio, a la Palabra les pido que recuerden.
Al Silencio, a la Palabra les ruego que te cuiden.

## Dos

Hija,

por el Mar o la Tierra, de Día o de Noche, con Calor o con Frío,
[Dentro o Afueradesde el Silencio o la Palabra,

pisa
con
cuidado

porque te pisas a ti misma.

Hija,

no lo olvides.

**Hija**

me sonríes con todo
con tus pies y tus manos con el aire
con tu boca que sigue succionando
cuando duermes
con tu madre diáfana regalo de la luz
con tu madre de piel y aroma y tiempo
con tu llanto
ese monte que escalas despacio y desde cuya
cima
te arrojas hacia el sueño como un gorrión al agua
me sonríes
y entonces yo que te he estado esperando
como esperan las vías al tren que las hará
destino y música
paralelas de pronto en su infinito
te sonrío
y en mis brazos salimos
dos nacidos jugando a inventarse la vida
a acariciar al gato que persigue
la pelota de lana de algún mundo

dos nacidos que inventan el juego de la vida
y sonríen
mientras pasan las nubes
y la lluvia descansa de ser lluvia

# Tres maestros

I

El maestro
se sentó en medio de las rocas.

Cuando estas le rechazaron
se adentró en el volcán con las sandalias en la mano.

Al cabo de mucho tiempo emergió.

Y era tan grande
que podía abrazarse a unas cordilleras
que le recibían
con avalanchas y deshielos.

Y tan diminuto
que no podía ser pensado
ni tocado
ni aplastado contra un espejo.

El maestro
se multiplicaba y se restaba a tal velocidad,

una miríada de maestros
que regresaban al uno
en fracciones infinitesimales de tiempo,

que nadie notaba la diferencia.

Excepto las rocas,
que hervían de pasión por él

y que, en ausencia suya,
se disputaban con terremotos y fallas desatadas
las sandalias que bajaron con él por la boca del volcán.

II

El maestro
dejó de escuchar,

llevó sus ojos
hacia las montañas nevadas.

Allí,
años atrás,

se había entregado a duras austeridades
persiguiendo la iluminación.

La alcanzó un amanecer en que
dentro de una huella de tigre
vio una huella de abubilla.

El tigre y la abubilla, la tierra y el cielo:
los borró de una patada.

Sus discípulos seguían apremiándole
a que les esclareciera los pasajes oscuros de las Escrituras,

pero el Maestro,

un anciano leve que sonreía al vacío,

alzó el cuenco de barro cocido hasta su boca

y
desapareció en las espirales perfumadas del té.

III

El maestro
perdió pie
y
se hundió

despacio

en la ciénaga.

No era al primero al que le pasaba.

En esa misma ciénaga yacían ahogados
muchos otros maestros.

La llamaban, por eso, Ciénaga de los Maestros.

Una voz dentro del sueño repetía
que cuando hubieran perecido suficientes maestros
como para cegar la ciénaga
esta, por fin, podría cruzarse sin peligro.

# Nota final

Aunque se anuncia como poesía reunida, este libro no es, sin embargo, una poesía completa hasta la fecha. Y no lo es por dos razones: por un lado, porque he dejado fuera de él varias decenas de poemas con los que no me siento a gusto (incluso con los que me siento muy a disgusto) y que, por lo tanto, prefiero que se diluyan y, de ser posible, que se olviden del todo; por otro, porque en numerosísimos de estos poemas, los incluidos en este volumen, he realizado correcciones, que afectan muy especialmente a los poemas de los primeros libros que en muchos casos, y como podrá comprobar el curioso que posea las primeras ediciones de los mismos, son muy significativas. De esos primeros libros ha desaparecido del todo *Primeros poemas del naufragio*, y *Mi enemigo* y *Semillas para un cuerpo* han sufrido recortes del más del cincuenta por ciento, reescrituras a fondo de los textos que he rescatado y reorganización de las partes supervivientes. Otro libro, además, *Piezas para un puzzle*, también ha desaparecido como tal (siempre lo consideré un libro fallido, un grave error), pero la mitad aproximadamente de sus piezas van sueltas en el apartado de *Otros poemas I* de la *Primera parte*. *El oso de peluche*, aunque pertenecería por fecha a la *Segunda parte* del libro, por tono, por cómo surgió y por cómo quedó se corresponde más con los libros de la *Primera parte*, así que lo he dejado ahí, después de la sección *Otros poemas I* para que se vea que viene después. De esta época primera de mi vida literaria también se han caído varios libros frustrados, de los que, sin embargo, se rescatan poemas sueltos (rehechos, reformulados, reenlazados, etc.), y varias decenas más de poemas que en su momento publiqué en revistas o cuadernos y de los que hace años dejé de tener copia.

He dividido el libro en dos partes porque a partir de *El fugitivo* cambia de manera sustancial mi concepción de la poesía (ya no será tanto un juego, por muy esencial que se quiera, sino un método para evitar que jueguen con uno, que el mundo le juegue una mala pasada a uno, razón por la que ya no pienso tanto en poemas sueltos como en bloques unitarios) y de mi dedicación a la misma, que a partir de entonces indagará en otras tradiciones y se hará otras preguntas.

He titulado este volumen *El fugitivo* porque, como, a raíz de un anticipo de mi libro titulado como este, publicado en la editorial Pre-Textos en el año 1998, dejé dicho en un pequeño manifiesto personal que primero se publicó en la *Revista Atlántica*, que mutiló sin consentimiento de su autor una antología generacional, que ahora circula por internet y que se recoge en mi reciente *Diccionario de Verbos* (Sevilla, Paréntesis, 2010), la labor de un poeta (o la labor, al menos, de un poeta como yo) es buscar el afuera, aprender (y enseñar) a escaparse de las diferentes cárceles que el Yo (y sus múltiples asociados institucionales, también los pertenecientes a las instituciones Poesía, Literatura, Pensamiento o Arte) alza para controlarle a uno y que, en el caso de un poeta, se solidifica en forma de libro o poética o pertenencia a uno u otro de los cánones en lucha de su tiempo. Una de las pocas cosas claras que sigo teniendo es que uno tiene que huir de sus libros antes de que estos le alcancen y le obliguen a servir a una causa concreta. Haber reunido a mis fugitivos en estas páginas me plantea el reto a otro nivel, pero espero estar a la altura y evitar que también él me atrape y me ponga a trabajar en alguna de sus minas.

Quiero terminar agradeciendo a Anna Rodríguez y a José Ángel Cilleruelo, mis dos consejeros de cabecera, sus comentarios, su paciente lectura, su complicidad indesmayable en este y en mis otros proyectos literarios, su cariño fiel. A Vicente Luis Mora, su prólogo inteligente y amable. A Martín López-Vega, que me propusiera este libro, una idea que alguna vez yo había barajado pero que consideraba inviable por motivos espirituales (una poesía reunida parece una cita con el más allá, un punto y final, un adiós a la escritura y a la vida) y por motivos materiales (quién se iba a atrever a publicar tantas páginas en los tiempos minimalistas y velocísimos que corren). Por esto último, y por su trato amable, paciente e inteligente a lo largo del proceso de edición de este libro, quiero terminar agradeciendo a la editora de Vaso Roto, Jeannette Clariond, la oportunidad de ver hecho realidad este sueño imposible.

JESÚS AGUADO

ÍNDICE

9 Piezas para un puzzle
VICENTE LUIS MORA

PRIMERA PARTE

19 MI ENEMIGO
El viaje 21
  I     21
  II    INTERLUDIO ONÍRICO EN SALZSBURGO 22
  III   23
  IV   24
  V    25
  VI   26
  VII   27
  VIII  DIALÉCTICA DEL DESEO 28
Poema para esconder tesoros 30
Poema para olvidar a Dios y a la mujer que más quiero 31
Poema para llegar un poco antes a lo que te sucede 32
La fiesta 33
*No me pides tejados para amarte...* 34
Meditación serena en Chefchauen 35
El fin del mundo 36
La luz se dejará abrazar 37
*Dejaste que vivieran los lobos a tu espalda...* 38
*Imaginaos un bosque...* 40
Luz más allá de la luz 41

43 SEMILLAS PARA UN CUERPO
    *sé lo mucho que pierdo...* 45
    *no necesito un dios para creer en ti...* 46
    *quieres tocar el alma llevártela a los labios...* 47
    *en mi cuerpo hay tatuajes invisibles...* 48
    *no lamento tu ausencia no me alegro tampoco...* 49
    *más allá de tu piel y de tu lengua...* 50
    *que nadie me pregunte ya nunca por mi vida...* 51
    *no eres nada de aquello que me muestras...* 52
    *el mar de nuevo el mar me acostumbra a tu ausencia...* 53
    *cuando me tumbo al sol y aquieto mis sentidos...* 54
    *es hermoso estar juntos perseguirnos...* 55
    *no debo estar celoso de tus otros amantes...* 56
    *no estés triste mi amor y si lo estás...* 57
    *según conozco más de ti conozco...* 58
    *cuando me siento solo a la orilla del río...* 59
    *cuando las hojas caen ya no vuelven al árbol...* 60
    *escucho las campanas y el mochuelo de todas...* 61
    *es perfecta esta tarde no estando tú a mi lado...* 62

63 LOS AMORES IMPOSIBLES
    Animales en Benarés 65
        LOS BÚFALOS 65
        LOS MONOS 66
        LOS PERROS 67
        LOS CUERVOS 68
        LAS ARDILLAS 69
        LOS BUITRES 70
        LAS TERMITAS 71
        LOS GATOS 72
        LOS NIÑOS 73
    Amores imposibles 74
        EL DIAMANTE 74

LAS TIJERAS  75
EL BOSQUE  76
EL PASTEL  77
EL HIELO  78
EL BUITRE  79
EL CEBO  80
EL SOL  81
EL RELOJ DE ARENA  82
LA LOCURA  83
EL BESO  84
LA ANACONDA  85
VIENTO DE LEVANTE  86

87 LIBRO DE HOMENAJES
   *Una cierta afición por la distancia...*  89
   Homenajes indios  90
     *Uno*
        AMARU  90
        VIDYAPATI  91
        KALIDASA  92
        BILHANA  93
        DAMODARA GUPTA  94
     *Dos*
        KABIR  95
        MIRABAI  96
        BASAVANNA  97
        ALLAMA PRABHU  98
        VASUDEVA  99
        BHARTRIHARI  100
        GURÚ NANAK  101
   El nombre de dios  102
   El tiempo y la eternidad  105
     I    105

    II    106
    III   106
Variaciones sobre la tristeza  107
    I    108
    II   108
    III   109
    IV   110
    V    110
    V BIS  111
    VI   111
    VII  112
    VIII 113
    IX   114
    X    114
    XI   114
Las letanías de Satán  115
Cabo de Trafalgar. Leyendo los *Cuatro Cuartetos* de T. S. Eliot  118
    I    118
    II   118
    III   119
    IV   119
Cartas de Rilke a las mujeres  121
    Lou Andreas-Salomé  121
    Marina Tsvietáieva  122
    Merline (Baladine Klossowska)  123
    Benvenuta (Magda von Hattingberg)  124
    Clara Westhoff  125
*Las metamorfosis* de Ovidio  126
De lo que nos llevaríamos a una isla desierta precedido de las distintas acepciones de la expresión *isla desierta*, así como de otras consideraciones complementarias, todo ello escrito en homenaje a mis amigos de la tertulia del café *Puerta Oscura*  130

Isla desierta: *dícese...* 130
Jacinto se llevaría... 131
Adriana se llevaría... 132
Juan se llevaría... 133
Miguel Ángel se llevaría... 134
Puri se llevaría... 135
Loli se llevaría... 136
Reme se llevaría... 137
Chantal se llevaría... 138
Pecera en un restaurante o mi generación poética 139

141 OTROS POEMAS I
 Nuevos amores imposibles 142
  LA PROFESORA 142
  PELÍCULA DE TERROR 144
  LA GORDA 146
  LA POETISA 147
  EL REGALO 149
  LA MESA DE BILLAR 151
  LA GRÚA 152
  EL TREN 153
  LA FALSIFICADORA 154
 Tess. Un amor imposible 156
  I  156
  III  ÉPICA EN EL BAR 158
  IV  160
  V  161
  VIII  AMOR CLÁSICO 161
 Un apunte sobre dios 163
 A la orilla del Ganges... 164
 La niñita desnuda arrastra un gato... 165
 La araña se descuelga hasta la araña... 167
 De la tristeza 168

Mujer doblando una esquina   169
Plegaria de caza esquimal   170
La ciénaga y la vaca   171
Lince ahogado en un pozo   172
Eucalipto   174
El suicidio del flamenco   175
Sueños circulares   177
   *Uno*   177
   *Dos*   178
   *Tres*   179
   *Cuatro*   180
   *Cinco*   181
   *Seis*   182
   *Siete*   183
   *Ocho*   184
   *Nueve*   185
Romance de Mateo el Jeta. Poema-cómic o contra la poesía   186

197  EL OSO DE PELUCHE (NOVELA PARA BEBÉS)
El oso de peluche   199
El columpio   202
La muñeca rota   203
La cometa   205
El caballito   207
La bola   208
El parchís   209
La rayuela   210
Tres niñas saltando a la comba   211
El puzzle   213
Cuervos   215
Romance de los gnomos   217
El fantasma   219

## SEGUNDA PARTE

223 EL FUGITIVO
El fugitivo  225
I
    *todo estaba en un punto hasta que vino el tiempo...*  227
    *puso el punto en su honda y me lanzó...*  228
    *caemos como plomada en manos de un albañil...*  229
    *y de repente somos una casa...*  230
    *soy un punto creado por el cruce...*  231
    *un punto que respira sin soltarse del hilo...*  232
    *pasajeros que cambian de vagón...*  233
    *pasajeros que enredan sus hilos y hacen nudos...*  234
    *pasajeros que acuden en tropel a buscar...*  235
    *el nudo es nuestro punto prisionero...*  236
    *en el nudo se pudren los hilos y las manos...*  237
    *en el nudo quedamos prisioneros...*  238
    *de no ser por el nudo...*  239
    *soy el que escapa el fugitivo aquel...*  240
    *todos quieren lograr ese botín...*  241
    *aquel que escapa...*  242
    *soy el que escapa el fugitivo aquel...*  243
II
    *soy un punto que escapa de su centro...*  245
    *vino el hondero el tiempo y nos lanzó...*  246
    *el tiempo ese escritor busca palabras...*  247
III
    *de repente me he puesto a perseguir...*  249
IV
    *vamos barriendo todo...*  251
    *una mano y un hilo...*  252
    *según vamos por él...*  253
    *un ovillo o caricia o punto o chispa...*  254

  *un hilo y una mano...* 255
  *el tiempo cada vez más cachorro de tiempo...* 256
  *un cachorro sin nadie que le dé...* 257
  *el tiempo ese cachorro acorralado...* 258
 Poemas fugitivos 259
  El saltador 260
  Poema del círculo 262
  Lección de metafísica 264

267 Los poemas de Vikram Babu
 *Como cajas vacías...* 269
 *Como aquel que pretende* 270
 *Como aquel que se acuesta con un árbol...* 271
 *Como el que ciega un pozo con pedruscos...* 272
 *Como él se emborracha con su yo...* 273
 *Como aquel que vadea...* 274
 *Como el que pierde el juego sin parar...* 275
 *Como el que va a una boda...* 276
 *Como aquel que practica...* 277
 *Como el que escribe cartas...* 278
 *Como aquel que repite...* 279
 *Como el rey que construye un palacio de vidrio...* 280
 *Como pira...* 281
 *Como el remo que parte la corriente...* 282
 *Como el que mata a un niño y lo desuella...* 283
 *Como hormigas en fila...* 284
 *Como aquel que lanzaba su caña hacia una charca...* 285
 *Como el que lleva el Ganges de pañuelo en el hombro...* 286
 *Como el que pinta yantras...* 287
 *Como un viejo sin dientes que comiera...* 288
 *Como el hermoso espejo...* 289
 *Como el que anuda alfombras...* 290
 *Como el que acecha a un tigre...* 291

*Como el árbol que crece sin sentido...* 292
*Como el hoyo en la arena que excavaran...* 293
*Como los cascabeles atados al tobillo...* 294
*Como el joyero aquel...* 295
*Como aquel que demanda...* 296
*Como el barco de arena...* 297
*Como un año de fuerte sequía que provoca...* 298
*Como el que cruza un puente...* 299
*Como el asceta aquel que, arrepentido...* 300
*Como un carro sin ruedas...* 301
*Como el que cuenta historias antiguas y profundas...* 302
*Como el limo...* 303
*Como un buen masajista...* 304
*Como el dulce leproso que cantaba...* 305
*Como el que logra hacer que le obedezcan...* 306
*Como esas caravanas que van por el desierto...* 307
*Como el que sube al Cielo para echar un vistazo...* 308
*Como un águila...* 309
*Como el encantador de encantadores...* 310
*Como aquel que defeca...* 311
*Como aquel que construye una escalera...* 312
*Como el que hierve leche para un chai...* 314

315 Lo que dices de mí
   Primera parte 317
      I      319
      II     324
      III    327
      IV     329
      V      332
      VI     334
   *Se va abriendo un camino...* 335
   *Se va abriendo un camino que nos anda...* 336

Y cada vez son más: un millón de caminos... 337
Un mapa que exploramos para que nos explore... 338
Un mapa que estudiamos para que nos estudie... 339
Lo que dices de mí... 340
Lo que dices de mí... 341
Lo que dices de mí... 342
Lo que dices de mí... 343
Lo que dices de mí me lleva a donde estás... 344
Lo que dices de mí... 345

Segunda parte 347
estábamos ahí detrás del seto... 349

359 Heridas
Heridas 362
    i 362
    ii 363
    iii 364
    iv 365
    v 366
    vi 367
    vii 368
    viii 369
    ix 370
    x 371
    xi 372
    xii 373
    xiii 374
    xiv 375
    xv 376
    xvi 377
Por qué 378
Mendigo 381

| | |
|---|---|
| I | 382 |
| II | 383 |
| III | 384 |
| IV | 385 |
| V | 386 |
| VI | 387 |
| VII | 388 |
| VIII | 389 |
| IX | 390 |
| X | 391 |
| XI | 392 |
| XII | 393 |
| XIII | 394 |
| XIV | 395 |
| XV | 396 |
| XVI | 397 |
| XVII | 398 |
| XVIII | 399 |
| XIX | 400 |
| XX | 401 |
| XXI | 402 |
| XXII | 403 |
| XXIII | 404 |
| XXIV | 405 |

Fragmentos del diario del polizón   406
El náufrago rescatado   408
Peligroso. Homenaje a Cavafis   415
Oración por mis padres   417

419   ALGUNOS HAIKUS (O NO) DESDE LA NADA

1   421
2   421
3   421

| | |
|---|---|
| 4 | 421 |
| 5 | 421 |
| 6 | 422 |
| 7 | 422 |
| 8 | 422 |
| 9 | 422 |
| 10 | 422 |
| 11 | 423 |
| 12 | 423 |
| 13 | 423 |
| 14 | 423 |
| 15 | 423 |
| 16 | 424 |
| 17 | 424 |
| 18 | 424 |
| 19 | 424 |
| 20 | 424 |
| 21 | 425 |
| 22 | 425 |
| 23 | 425 |
| 24 | 425 |
| 25 | 425 |
| 26 | 426 |
| 27 | 426 |
| 28 | 426 |
| 29 | 426 |
| 30 | 426 |
| 31 | 427 |
| 32 | 427 |
| 33 | 427 |
| 34 | 427 |
| 35 | 427 |
| 36 | 428 |

| | |
|---|---|
| 37 | 428 |
| 38 | 428 |
| 39 | 428 |
| 40 | 428 |
| 41 | 429 |
| 42 | 429 |
| 43 | 429 |
| 44 | 429 |
| 45 | 429 |
| 46 | 430 |
| 47 | 430 |
| 48 | 430 |
| 49 | 430 |
| 50 | 430 |
| 51 | 431 |
| 52 | 431 |
| 53 | 431 |
| 54 | 431 |
| 55 | 431 |
| 56 | 432 |
| 57 | 432 |
| 58 | 432 |
| 59 | 432 |
| 60 | 432 |
| 61 | 433 |
| 62 | 433 |
| 63 | 433 |
| 64 | 433 |
| 65 | 433 |
| 66 | 434 |
| 67 | 434 |
| 68 | 434 |
| 69 | 434 |

70  434
71  435
72  435

437 Verbos
Amor  439
 I
   AMAR  439
   ARAÑAR  440
   CUIDAR  441
   DERRAMAR  442
   DESEAR  443
   DESNUDAR  444
   ENREDAR  445
   ENTREABRIR  446
   GOZAR  447
   GRITAR  448
   INVENTAR  449
   PROMETER  450
   RECONOCER  452
   RECORDAR  453
 II
   CALMAR  454
   CANTAR  455
   ENFRIAR  456
   RESPIRAR  457

Conocimiento  458
   ACARICIAR  458
   ACOMPAÑAR  459
   BUSCAR  460
   CALCULAR  461
   CONOCER  462

CONSTRUIR 463
CONTEMPLAR 464
CORTAR 465
COSER 466
CREAR 467
CREER 468
DELIRAR 469
DESPERTAR 470
EMPEZAR 471
ESCRIBIR 472
EXISTIR 473
FLOTAR 474
HABLAR 475
IMAGINAR 476
INSISTIR 477
INVITAR 478
JUGAR 479
LLORAR 480
MIRAR 481
MORIR 482
ORDENAR 483
PAGAR 484
PASEAR 485
PELAR 486
PENSAR 487
PESAR 488
RECIBIR 489
RECORDAR 490
RESPIRAR 491
REZAR 492
SALIR 493
SALTAR 494
SENTIR 495

TACHAR  496
TENER  497

Sueño  498
  *las hormigas azules...*  498
  *zapatos de tacón encima de la mesa...*  499
  *dormido en un alféizar...*  500
  *si nadie la miraba...*  501
  *el caracol el único que sabe...*  502
  *lobos caperucitas...*  503
  *entre dos rascacielos...*  504
  *campanas alocadas...*  505
  *abrazados doblamos...*  506
  *una flecha en el tronco...*  507
  *el dálmata enroscado...*  508
  *corremos por el puente...*  509
  *que venías despacio...*  510

511  OTROS POEMAS II
  Nuevos poemas de Vikram Babu  512
    *Como el niño delgado que volaba...*  512
    *Como aquel alfarero que rompía las jarras...*  513
    *Como el ogro que aterra...*  514
    *Como el ratón que roe el queso de la trampa...*  515
    *Como el ladrón cansado de robarle a los otros...*  516
    *Como el portero que dejaba...*  517
  De la tribu Nila  518
    *Te paraste para decirme que no me querías...*  518
    *Que se me caigan los dientes...*  519
    *Cuando bailas de noche...*  520
    *Tundo el colchón de paja y lana...*  521
    *Te hemos llevado, padre...*  522
    *Ayer nos sostuvimos la mirada...*  524

Sigo aquí  525
Novela de amor sin Marta Grant  526
   *Uno*  526
   *Dos*  530
   *Tres*  533
   *Cuatro*  536
   *Cinco*  539
Poema de amor con concesiones a la retórica y emocionalidad tradicionales  542
La insomne  544
Oración por mi hija  550
Hija  554
Tres maestros  555

559  Nota final

Vaso Roto Ediciones

Poesía
1. W. S. MERWIN, *Cuatro Salmos*
2. ALDA MERINI, *Cuerpo de amor*
3. HUGO MUJICA, *Más hondo. Antología poética*
4. ELIZABETH BISHOP, *Una antología de poesía brasileña*
5. ALDA MERINI, *Magníficat*
6. LÊDO IVO, *Rumor nocturno*
7. ALDA MERINI, *La carne de los ángeles*
8. CLARA JANÉS, *Poesía erótica y amorosa*
9. LÊDO IVO, *Plenilunio*
10. AMANCIO PRADA, *Emboscados*
11. WILLIAM WADSWORTH, *Una noche fría el físico explica*
12. FRANCISCO J. URIZ (Seleccionador), *El gol nuestro de cada día. Poemas sobre fútbol*
13. JOUMANA HADDAD, *Espejos de las fugaces*
14. LEO ZELADA, *Minimal poética. Declaración de principios de un anacoreta*
15. OSSIP MANDELSTAM, *Poesía*
16. CLARA JANÉS, *Variables Ocultas*
17. AMANCIO PRADA, *Cántico Espiritual y otras canciones de San Juan de la Cruz*
18. CHARLES WRIGHT, *Potrillo*
19. HAROLD BLOOM, *La escuela de Wallace Stevens. Un perfil de la poesía norteamericana contemporánea*
20. RICARDO YÁÑEZ, *Nueva escritura sumaria*
21. CLIVE WILMER, *El misterio de las cosas*
22. GIOVANNI RABONI, *Gesta Romanorum*
23. LÊDO IVO, *Calima*
24. VALTER HUGO MÃE, *folclore íntimo*
25. ERNESTO CARDENAL, *Tata Vasco*

26 Jesús Aguado, *El fugitivo. Poesía reunida (1985-2010)*
27 Teresa Soto, *Erosión en paisaje*
28 Varios autores, *Un árbol de otro mundo. En homenaje a Antonio Gamoneda*

**Poesía / Esenciales**
1 Gerard Manley Hopkins, *El mar y la alondra. Antología poética*
2 Derek Walcott, *Pleno verano. Antología poética*
3 Andrea Zanzotto, *La muerta tibieza de los bosques —1 Poesía selecta*
4 Andrea Zanzotto, *El (necesario) mentir —2 Prosa selecta*